暫停情緒風暴

大人不心累，孩子不受傷，
第一時間化解情緒衝突與對立

〔資深臨床心理師〕陳品皓／著

作者序

米露谷心理治療所執行長　陳品皓

十多年前，我以專業人員的身分進入校園，開啟我的校園輔導工作。

當時還沒有「學生輔導法」，校園輔導工作大多憑藉著老師的熱情，然而，因為缺乏一定的法源依據與政策支持，所以資源有限，專業也很難被看見。在缺乏專業人力的調度下，許多孩子的困難無法得到適合的協助，不僅讓導師心力交瘁、家長挫折連連，孩子也相當難受。

我在這樣的氛圍下進入校園工作，直到「學生輔導法」三讀通過施行，專任輔導教師與專業輔導人員陸續招募進駐，輔導工作開始在法源的基礎上，逐步形成專業的分工。

在這些年的服務中，我常常需要和導師一起合作，或是以專業人員的身分，和輔導團隊一起協助情緒暴衝或對立行為的孩子。

我相當擔心孩子們的處境，因為當大人們一而再，再而三地承受孩子的行為或情緒的衝擊，且無以為之時，心中的挫折跟怨懟，常常會在不知不覺中萌生出無意識的敵意，並以憤怒或攻擊展現。這最終的結果，是雙輸，或三輸（家長、老師與孩子）的局面。在這種無力的氛圍中，孩子的行為或負面的情緒常常被貼上「惡意的」、「針對的」、「故意的」、「過分的」的標籤，以至於失去了對原因的探究；而孩子往往也會用更加劇烈的手段，來回應大人的憤怒，代價則是心中的惡意與憤怒滿盈，失去對自我良善的理解。

長期下來，我發現經過輔導系統的介入，大部分孩子都有不同程度的進步。然而，對立行為始終是一個相當表象的行為徵候，情緒暴衝更是差異化極大，每一個孩子的原因各不相同，因此很難有一整套系統化的介入方法。

現實中，不管是老師還是家長，面對孩子的情緒暴衝與對立行為時，有時受限於時間與空間的因素，以及對於孩子情緒或行為原因的理解有限，因此直接用強力壓制或情緒碰撞的方式來處理，這通常進一步加劇了問題，讓對立更加激化。

如何協助第一線的老師，以及每天和孩子朝夕相處的家長，在面對孩子情緒暴衝或對立行為的當下，能夠在理論的基礎下，有結構化的概念與理解，進而形成有效能的介入技巧或模式，是我書寫此書最大的目的。

在本書中，我們會側重在情緒與行為的階段論模式，以及在每一個不同階段中孩子的行為表徵、情緒狀態，進而依據收集自家中與教室裡的實務經驗，形成普遍獲得支持的介入模式，提供給老師與家長們參考；進而發展出各自彈性且獨特的協助方法，幫助孩子們度過情緒中的困境，以及減少對立行為的破壞。

我的邏輯相當簡單：當我們有一些明確的架構可以參考、具體的方法可以依循、介入的策略可以操作的時候，基於我們自己的經驗與智慧，回到對孩子的理解和貼近，我們可以不再那麼徬徨失措，可以多一些意願和動機，在試錯的過程中，逐步找到和孩子相處的步調與節奏。大多時候，問題不會完全解決，但我們可以在彼此之間，找到一種動態的平衡。

在關係中有平衡，好過於單邊失衡。

而在此，我仍然要不斷強調與呼籲的是，儘管我們在本書中強調的是依據理論發展出的策略化介入，但每一個孩子的情緒暴衝或對立行為的背後，除了生理因素以外，也會有心理與社會性的因素；而這些隱藏在行為與情緒背後的原因，往往是最核心的關鍵所在，這始終都是我們最需要理解的部分。缺乏在這個層面對孩子的理解，問題永遠都無法獲得真正有意義的協助。

在學生輔導和陪伴的這一條路上，孩子們教了我許多，而我也期待自己的存在有所意義。我不奢望成為孩子生命中的貴人，但我謙卑的期許，能為孩子找到心中的力量。

contents

作者序 002

PART 1
認識情緒調節：為什麼孩子會暴衝？

1-1 在孩子對立或暴衝的現場 014
從「情緒調節」說起 016
面對情緒爆炸的三大原則 019

1-2 什麼是「情緒行為曲線」？ 024
情緒漸進的七個階段 025
細緻的情緒變化 028

1-3 觀察你的情緒七階層 033
情緒是怎麼運作的？ 035

PART 2 情緒發生了什麼事？

2-1 引導孩子面對情緒的階段變化 042
第一階段：平靜期 043
消弭期與回復期時，可以怎麼做？ 048

2-2 當孩子進入導火線期（一） 052
用延宕爭取處理空間 053
善用「正負增強」達到目標行為 057

2-3 當孩子進入導火線期（二） 066
人性實驗：你會買幾份？ 067
什麼是定錨效應？ 071
改變行為前，先改變意義 073
為「好學生」的定義重新定錨 076

2-4 當孩子進入導火線期（三） 079
如何利用定錨效應？ 080
當孩子唱反調時 086

PART 3 在情緒暴衝前切斷連結

3-1 當孩子進入激躁期 094
切斷反應的連結 098
3-2 反應中斷法（一）：關切、選擇、提示 103
中斷法一：關切法 104
中斷法二：選擇法 106
中斷法三：提示法 109
3-3 反應中斷法（二）：澄清、暗示、提醒 112
中斷法四：澄清法 113

中斷法五：暗示（換位）法 115
中斷法六：提醒法 118
3-4 反應中斷法（三）：轉移、漸進、負增強 123
中斷法七：轉移法 123
中斷法八：漸進法（腳在門檻效應） 126
中斷法九：「負增強」 134

PART 4 暴衝現場怎麼辦？

4-1 處在加速期與高峰期時，可以…… 138
加速期 140
高峰期 141
4-2 孩子出現自傷行為怎麼辦？ 151
非自殺性的自傷行為 152

4-3 走過情緒風暴後…… 156
行為經濟學的教養啟發 157
影響你我決定的沉沒成本 162
4-4 幫助孩子建立「踩煞車」的能力 164
你的損失，我很擔心 165
4-5 大人建立威信的回應方式 174
如何機智的對弈？ 175
幾種常見的「噹」類型 181

PART 5 衝突的第一現場

5-1 如何和孩子有效溝通？ 190
遵從孩子的思考特性 192
5-2 逃離現場的孩子 198

跑出教室的小寶 199

5-3 唱反調的孩子 209

和老師嗆聲的康康 209

5-4 製造衝突的孩子 219

一言不合就踢人的小智 219

5-5 特殊狀況的孩子 233

心智化功能不足時：人際關係拿捏有困難的小益 233

性平教育的應用：摸頭髮示好的孩子 244

PART 1

認識情緒調節：為什麼孩子會暴衝？

值日生：
說話 25 3 41 12
1013
-839
?

1-1 在孩子對立或暴衝的現場

說到孩子的情緒暴衝或對立行為，相信是很多老師與家長再熟悉不過的場景。不管學校或家中，孩子情緒高張時，所延伸出的暴衝或對立行為，常令老師與家長在應對上感到氣餒與挫折。孩子們有時候事情一不順心，情緒就爆炸；手足或同儕之間一言不合就口角爭執、大打出手；對教室或家中的常規看心情遵守，動不動就違抗；甚至因為情緒一來就在言語或行為中挑釁他人……，每一個只要牽涉到情緒暴衝或行為對立的事件，都令我們感到心累。

之所以心累，是因為孩子的情緒常常來得又快又急，並且一而再，再而三的出現，不僅可能干擾了我們手邊正在進行的事情，也常常讓人疲於應付，心生煩悶倦怠，總感覺自己跟孩子好像雙雙落入了沒有出口的漩渦裡。

「為什麼孩子就是學不會情緒控制呢？」這大概是許多大人心中普遍的

疑惑跟擔心。

就多年來的觀察，情緒容易暴衝或行為總是對立的孩子，不管有沒有臨床上的議題或發展上的困難，通常如果家庭功能大致平穩，家人之間溝通品質順暢良好，沒有家暴或精神暴力，絕大部分孩子的情緒跟對立問題，會隨著年紀增長而趨緩。然而，「隨著年紀增長趨緩」也就代表著，在孩子小學與國中的階段，這些情緒風暴與對立行為會是最頻繁發生的狀態，也是家長跟老師必須面對的挑戰。

由於孩子情緒所引發的外顯行為，常常會以不配合，或是對立的方式呈現，可是我們試圖用來緩和孩子情緒、對立行為的策略，卻常常不太奏效，最後反而帶出更多問題。

因此，針對這個部分，我希望能將幾個觀點，整理分享給陪伴孩子成長的老師與家長。希望這些觀點，能幫助我們在看待孩子的情緒高張與對立行為時，帶來更多層面的理解，發展出更適當的策略。不僅協助孩子，也幫助我們找出因應的方法。

從「情緒調節」說起

在進入情緒暴衝或是對立行為之前，我們必須先認識什麼是「情緒調節」，因為情緒與對立，本質上都跟調節自我情緒的能力有關。

什麼是「情緒調節」呢？「情緒調節」指的是一個人根據外在（或內在）環境的狀態，對自己的情緒透過監控、評估，並採取一些策略來調控情緒，以達到內外平衡的結果。

簡單來說，就是能夠覺察自己的情緒，進而調整自己的情緒，讓自己獲得一種與環境、與自己平衡狀態的能力。

情緒調節並不簡單，情緒調節的能力，往往會受到三個主要的面向影響，分別是：

❶ 基因

❷ 關係品質

❸ 社會性情緒

如果用圖示展現，你會發現一個人的情緒調節能力，就像一個三角形，如同圖1-1。三角形的三個頂點，它們對情緒調節的影響各佔有不同比例，而每個人受到三個頂點的影響比重也皆不相同。

在這三個面向中，其中有一個面向是我們無法改變的，大家猜猜看是哪一個呢？

相信各位的答案應該都是：基因。

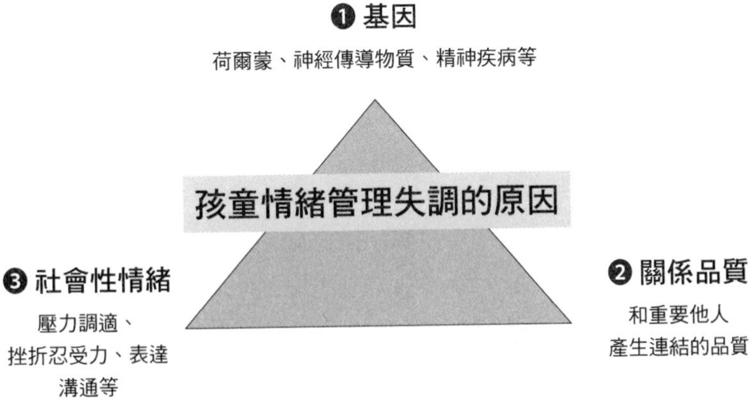

圖 1-1　孩童情緒管理失調的原因　*資料來源：湯金樹醫師

沒錯！但是再進一步想想看，既然其中一個面向我們無法改變，那換個角度思考，不就代表還有另外兩個面向，是我們可以介入的方向嗎？

相信聰明如你，應該也發現了：關係品質以及社會性情緒，就是我們可以努力的方向。

關係品質，通常指的是一個人和其人生中重要他人的感情連結品質。通俗一點說，**就是孩子和他的主要照顧者或是和家人的關係好或壞，會影響到孩子調節自己情緒的能力**。如果是在學校的環境裡，通常指的是孩子和班導師之間的關係。當孩子擁有越多的穩定關係，且關係的品質也都不錯，那對於孩子情緒調節的幫助也越大。

至於**社會性情緒**，**指的就是一個人的基礎情緒教育（會不會分辨情緒、理不理解各種情緒的差異等等）、面對壓力的調適能力、心理韌性、人際關係能力等等，這些對孩子來說，都是逐步學習的過程**。

所以你會發現，情緒調節能力是一個逐漸成熟的動態過程，儘管基因決定了發展方向，但是在關係品質與社會性情緒的層面，身為教育者或教養者，我們仍然有很多努力的空間。

面對情緒爆炸的三大原則

在這本書中，我們之所以不會特別針對關係品質和社會性情緒說明，是因為這兩個概念在許多書籍中都出現過，而它們也是本書一切內容的前提與基礎。因此，我們會更聚焦在情緒高張（暴衝）與對立行為的情境當下，老師和家長該如何及時介入的策略上。

面對孩子在校園或家中的情緒行為，尤其是情緒爆炸的狀況，我有三個核心原則想先和大家分享，希望大家可以謹記在心。這三個原則也是我從賴英宏特教老師的課程中，所學到的寶貴結論：

1. 情緒必炸，人性所在
2. 處遇原則：減少傷亡

3. 事前降溫，事後增強

而關於這三個原則，我的解釋如下：

1. 情緒必炸，人性所在

不管是大人還是小孩，不管是你還是我，我們都會生氣，而生氣的結果往往就是爆炸，這是人性。連我們大人都會有情緒爆炸，並且難以處理的時刻，更遑論是孩子。你只要記得一個簡單的比喻：**一個人在生氣或情緒爆炸的時候，他的腦袋瞬間就變成了保齡球**。

「啥？保齡球？」

「對！就是保齡球！」

「為什麼是保齡球？生氣的大腦跟保齡球有什麼關係？」

「它們有兩個地方一樣。」

「哪兩個地方？」

第一，它們都有洞：這很好懂，腦袋生氣時就跟保齡球一樣，簡稱腦袋有洞。

第二，我們都想叫它快滾：生氣下的大腦跟保齡球一樣，你碰到它只會想叫它快滾開。

所以「平靜如彌勒佛，生氣如保齡球」，就是這個道理。

一個處在這兩種狀態（有洞、只想叫它快滾）下的大腦，你很難在情緒爆炸的當下，做些什麼讓它冷卻，此時保齡球只要不砸傷人就好，於是第二點就更為重要。

2. 處遇原則：減少傷亡

生氣或暴衝下的大腦，基本上很難聽進任何指令，勸戒成功的機率很低。所以這時的處遇只有一個重點：只要在爆炸時沒有人受傷，那就是功德一件。

沒有人受傷，就是單純的情緒事件，但只要有人在過程中受傷，它就會變成政治事件，這時候事情就遠比情緒來得複雜太多了，不僅孩子麻煩、家長麻煩、老師麻煩，連校方也麻煩。所以，當我們遇到孩子情緒爆炸時，不管是老師或家長，你會很挫折也會很氣餒，隱隱約約覺得自己似乎沒有做好，才會讓孩子的情緒一爆再爆。但我想對你說的是：只要孩子在情緒爆炸時，沒有人因此受到嚴重傷害，那你已經做得非常好了！事實上，可能不會有人在那個當下比你做得更好！

有人受傷並不少見；沒有受傷，就是成功。

3. 事前降溫、事後增強

既然爆炸當下我們能夠做的有限，那麼**真正能夠介入的好時機，通常是在孩子情緒爆炸之前，或是爆炸之後，這是我們應該謹記的原則**。爆炸當下先做到不要有人受傷，再把精力放在事前和事後的介入就好。

說到這，我猜你應該會不禁想問：在孩子情緒爆炸或對立的過程中，難道就沒有任何可以施展或介入的空間了嗎？

這個問題的答案，將會引導出我在本書中希望與你分享的一個關鍵概念：**情緒爆炸並不是電光石火之間說爆就爆的，它其實是一個相當細緻而連續的動態過程。**

在這個過程當中，情緒是怎麼由平靜逐步到爆炸，然後再回歸平靜，其中的每一個階段，我們都可以具體的標定出來。同時，透過對這些階段的理解，協助我們找到介入的機會。

關於這個部分，就請進入本書，我將會慢慢與你分享。

1-2 什麼是「情緒行為曲線」？

當孩子情緒暴衝，而我們手邊還有很多事情要忙碌的時候，此時我們很難真正同理孩子的狀態。如果再加上時間急迫的壓力，爸媽通常會希望快速降低孩子的情緒或是對立行為，但往往結果都不是太好，不是安撫失敗就是雙方劍拔弩張，更加對立。

之所以很容易失敗，是因為當孩子在對立或爆炸時，情緒已經在高張的狀態，他的情緒也會衝擊我們，連帶讓我們跟著激動，然後不自覺地對孩子生起氣來。如此便造成一個互相影響的負向循環，演變成更加對立的結果。

正如我在上一節提到的，情緒的處理只有在事前跟事後有效，但我們常常都在對方暴衝的當下試圖「消除」情緒，所以非常容易失敗，連帶徒增挫折與怨懟。這是家中常常發生的狀況，也是教育現場的常態，不僅耗費大人們的心力，也連帶耽誤了家事、課務或班務的進行。

情緒漸進的七個階段

多年來在神經心理學、特教領域的研究與觀察，我們發現一個人從平靜到爆炸再回歸平靜，其中會經過許多細微的階段。只是我們總在孩子大爆炸的當下，或是爆炸的前一刻，才最容易注意到他們的變化，因此會有一種孩子動不動就爆炸，很難搞的印象。

你可能會好奇，人在情緒爆炸的過程中，會經歷哪些階段呢？

這裡有一個受到學術界與實務界廣泛認同的觀點，可以供大家參考，這是美國校園安全專家傑夫．科爾文（Geoff Colvin）博士所提出的「情緒行為曲線（Acting-out Behavior Cycle）」。這在特殊教育與臨床心理的領域廣為人知，也常常是專業人員在現場介入時一個很重要的基本架構，坊間有相當多班級經營、輔導處遇的書籍，甚至都是以此為基礎。

根據這個「情緒行為曲線」，我們可以看看圖1-2，你會發現一個人從平靜到爆炸，再到恢復，其實會經歷七個階段，分別是**平靜期**（Calm）、**導火線**（Trigger）、**激躁期**（Agitation）、**加速期**（Acceleration）、**高峰**（**爆炸**）**期**（Peak）、**消弭期**（De-escalation）、**回復期**（Recovery）。（本書以賴英宏老師的翻譯版本為主。）

這七個階段，不管是大人小孩，還是我跟你，只要生命中有過情緒爆炸的經驗，其實都經歷過這些階段，只是自己沒有覺察罷了。以下是這七個階段的說明與狀態：

❶**平靜期**：一個人情緒很平靜的狀

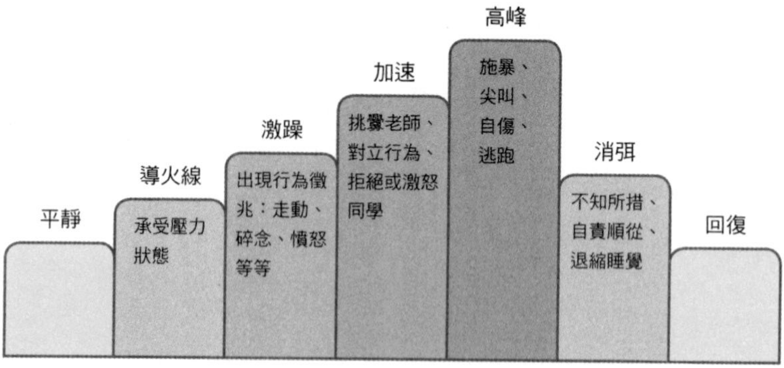

圖 1-2 情緒漸進的七個階段　＊資料來源：賴英宏特教老師

態，你跟他說什麼他都好，什麼都答應。

❷ **導火線：**心理上有壓力的感覺。大部分是因為感受到環境中的刺激或壓力，而引起的心理狀態。

❸ **激躁期：**當前面的心理壓力不斷累積，而狀況又沒有改變的時候，就會逐漸引發生理上的躁動，通常比較多是**出現行為層面的徵兆，像是走動、碎唸、憤怒等等**。

❹ **加速期：**等到生理上的躁動出現，心理壓力又沒有減緩，當事人就會變得更為激躁，此時，孩子在課堂上或家中就會出現挑釁他人、對立行為、激怒對方等等具有明顯攻擊性的行為。

❺ **高峰（爆炸）期：**一旦到了加速期，通常不用多久就會出現施暴、尖叫、自傷跟逃跑的高峰期反應。

❻ **消弭期：**當孩子的情緒過了高峰（爆炸）期，就會開始進入消退的階段。在消退階段中，孩子不外乎低頭睡覺、沉默不語、雙眼放空，有的會反過來試探你，看看你是不是還在生他的氣等等。

❼回復期：孩子回到平靜狀態，然後等到下一個情緒爆炸循環來臨。

經過我們對這七個階段的講解後，相信大家雖然都稍微理解，但還是跟生活中的現實狀況有點距離對吧？請容我用班上的例子說明，這樣就會比較有概念了。

細緻的情緒變化

假設小明（全世界最慘的名字，老是出現在負面例子中），有一天在上英文課。起初小明心情還算不錯，雖然平時他的人際關係不怎麼樣，脾氣也比較暴躁，但至少目前在課堂上還算平靜（**平靜期**）。此時，坐在前排，跟小明有段距離的小花跟阿珠正在竊竊私語，小明一開始也沒在意，但他忽然瞥見小花跟阿珠講完話後兩人一陣竊笑，小花還邊笑邊轉頭往後看，正巧和小明對到眼，小花收起笑容轉回頭去，又繼續和阿珠竊竊私語。

小明看到這一幕，心中突然有種感覺：「她們一定在說我壞話，才不敢讓我聽見。」小明這麼想，於是又更注意小花跟阿珠的表情和動作，看到她們兩人笑得開心，就更加確定了她們是在講自己的壞話。這時候小明心裡的不舒服漸漸冒了出來（**導火線期**），於是更加目不轉睛的盯著她們兩人，甚至皺起了眉頭。

恰巧，小明的表情被臺上的老師看到了，老師沒注意到小花跟阿珠，卻看到小明的心思顯然不在課堂中，於是老師下意識的就對小明說：「小明，上課要專心呀，眼睛在看哪？」

小明冷不防被老師的提醒嚇了一跳，但頓時又覺得心裡超級冤枉的，於是心裡嘀咕：「奇怪耶，干我屁事喔！又不是我在講話，為什麼她們兩個講話你不叫她們？」這麼一想，小明心中的不舒服變得更加不滿，不只是對小花與阿珠，這股不滿也朝向了不明就裡的老師，小明直覺下不經意地回嘴：「我哪有？我又沒有……」（**激躁期**）

這沒大沒小的語氣讓老師覺得莫名其妙，於是瞪大了眼睛看著小明，微微大聲的說：「你說什麼？上課不專心你還不敢承認？」

小明被這麼一說，腦袋內開始冒出一股白煙，覺得老師什麼都不知道，就亂批評自己，害自己在大家面前丟臉，小花跟阿珠從頭到尾都還在講她們的，現在自己被老師嗆，又要被她們看笑話了，想到這，小明一陣委屈加上不爽，脫口而出：「白癡唷！」（**加速期**）

當小明一在課堂上當眾大聲說出「白癡」兩個字時，別說老師了，今天任何一位讀者如果在現場，大概也會直覺的認為小明根本是在罵我們。前面小明已經不專心在先，糾正他不聽，竟然現在還反罵自己白癡，管他平時吃齋唸佛還是神愛世人，修養再好的老師，此刻大概也按捺不住了。於是我們正常的反應就是瞪大眼睛、加大音量對小明說：「你說什麼？你再說一次，我提醒你上課請專心，結果你現在說什麼？這個字（白癡）是可以這樣說的嗎？」老師也忍不住動了氣。

於是前有小花跟阿珠竊竊私語，後有老師當眾批評，雙重火力夾擊下，小明終於氣急攻心，忍不住大聲狂吼長嘯後往教室外跑……（**高峰／爆炸**

期）。直到全班都停下手邊的事情，老師到處去找小明，發現他躲在旁邊樓梯口，接著請學務處的老師來協助處理，邊安撫邊開導，好不容易四十分鐘過去，小明才悻悻然的回到教室，低頭坐在椅子上默默不語（**消弭期**），直到放學鐘聲一響，小明臉上頓時露出了燦爛的笑容（**回復期**）。

其實類似的事件在學校並不少見，在家中也幾乎可以說是天天上演，於是不只老師心累，孩子心煩，家長更是夾在中間，舉步維艱。

從剛剛小明的例子中，我們同時也可以更具體的發現，原來一個人從平靜到爆炸再到回復，中間是有層次的、是有階段的，並不是從平靜就一下子馬上跳到爆炸，而是在這極短的時間當中，整整經歷了這七個階段。

看到這裡，相信讀者心中應該都對這些階段有了比較具體的概念，如果我們把場景從學校換回到家中，相信家長們應該也能想到許多生活中的例子。而在這些理解之後，更重要的是，這個情緒行為曲線的意義讓我們更清楚了一件事：

既然每一個人的情緒行為都會經歷七個階段，
這就意味著，在每一個階段，
我們都有介入的機會。
也就是說，在面對一個情緒爆炸或對立行為時，
我們有整整七個選擇的機會。

1-3 觀察你的情緒七階層

上一節提到的情緒行為曲線，讓我們理解到，一個孩子情緒的爆炸過程其實是很細緻的；也因為有這個階層的架構，針對不同狀態的策略才得以施展開來。

雖然每一個孩子（或大人）在情緒行為中都會經歷這七個階段，但事實上，每一個人在各個階段的比例是完全不一樣的。

好比說，有些人在情緒行為中的表現會如下頁圖1-3。你會發現這樣的人平時情緒都很穩，壓力一來的時候相當會忍耐，忍耐到真的不行了，雖然也會爆炸，但是爆炸也是爆一下下，火氣就馬上降下來了，接著回歸平靜。最經典的人物就是苦情代表「阿信」。（不是五月天主唱，而是我們小時候日劇裡那位成長過程中歷經風霜，終於成為企業家的阿信，如果解釋到這你還是滿臉問號，那只代表一個殘忍的事實：我們不同世代。）

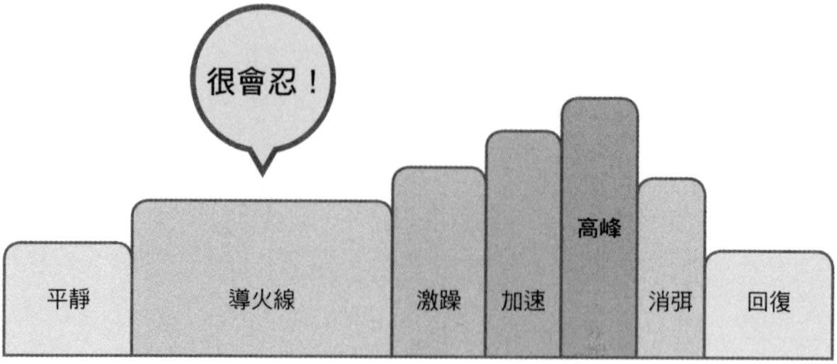

圖 1-3 導火線期長，很會忍

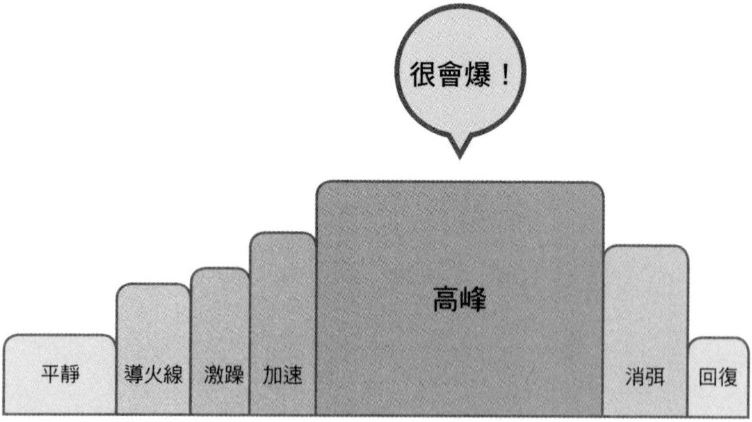

圖 1-4 很會爆的情緒曲線

類似這樣平時情緒很穩，遇到壓力也算是會消化，就算爆炸也只爆一下下的孩子，應該是很多家長跟老師心中的盼望，希望自己的孩子也能夠如此。但事實上，我們在班上或是家中，遇到最令人困擾的狀態卻常常是如圖1-4。孩子可能遇到一點點不順心的事情，就會馬上激躁起來，然後進入加速期（挑釁、對立），沒多久就爆炸了。而且爆炸還會持續相當長一段時間，任憑你怎麼好說歹說、好言相勸都沒用，要一直到孩子精疲力竭後，才開始緩緩消退，終至回復。

情緒是怎麼運作的？

所以到這裡，我們大概可以理解，每個人都有過情緒爆炸的經驗，而每個人也都走過上述的七個階段。但是因為情緒總是來得又急又快，這讓我們的注意力沒有辦法全程跟上自己的狀態，於是我們很容易只注意到自己生氣的結果（大聲謾罵、語氣不耐等等），以及引起生氣的對象，而忽略了自己其實經歷過導火線期、激躁期，以及爆炸前的加速期。

為了讓大家對於這個架構能夠更加清楚，並且應用在生活中，你可以試著回想一下，自己最近一次情緒爆炸的經驗，然後比對一下情緒行為曲線，看看是否能夠比較精準的抓出自己在曲線中的階段。

我舉自己的經驗為例，和大家做個說明：

有一次我在家看電視劇，看的正入迷（**平靜期**），此時突然門鈴響了起來，我放下看得正起勁的劇情前去應門，發現來者是一位產品推銷員。由於推銷員所傳遞的內容跟產品特性我不是很認同，但基於與人為善的個性，我也不便直接當面否定，只好繼續聽對方闡述（**導火線**）。

聽著聽著，對方開始邀請我試用產品，甚至去參加他們的活動，我表示自己不是很有意願，然而對方聽到這樣的回應，就更加大力地向我推銷。我想到自己放下看到正精彩的連續劇，結果要在這裡聽對方推銷一堆用不到的產品，開始有點不太耐煩，表情淡漠了起來，也不再頻繁回應對方（**激躁**

期）。大概是看我對產品沒什麼反應，不知道產品的好處，於是對方更加賣力的想要說服我。這時候，我已經感覺到自己相當不耐煩，心裡想這人怎麼對我死纏爛打到這個地步，我要給你一點顏色瞧瞧不可。

於是我開始提出對方言談中不一致的地方，或是對產品的質疑，慢慢地，原先一場單方向的說服，逐漸變成一場你來我往的攻防戰（**加速期**），直到對方不經意的拋出一句：「懂的人就知道這個產品的好，不懂的人永遠都不懂。」我就炸裂了。

「對，我就是不懂，可以了嗎？」我沒意識到自己的語氣有多重。

但不等對方反應，我直接把門重重關上（**爆炸期**）。很悶的走回客廳繼續追劇，但怎麼樣都很難再像一開始般融入劇情，心裡還是不斷抱怨那個破壞我好心情的推銷員，只是抱怨程度不像剛剛那麼劇烈（**消弭期**），等到連續劇播完，我發現自己心情已經平復許多（**回復期**）。

看到我分享的例子，相信大家應該都會很清楚的發現：「哇！你這個心理師，情緒管理也不怎麼樣嘛……」

當然，除了以上的發現之外，相信各位讀者對於情緒對立曲線和自己經驗之間的對照，已經有了更具體的理解。當我們能夠看懂孩子在情緒行為曲線的七個階段，也就代表我們有七個可以介入的空間跟機會，這也就很挑戰我們是否能夠理解，孩子當下處在什麼樣的狀態。

很多人往往只看到孩子在平靜狀態，以及加速期到爆炸期的瞬間，而忽略從平靜到爆炸之間，孩子可能已經默默經歷了導火線以及激躁期。正因為忽略了這些階段，就會誤以為孩子的情緒總是暴起暴落。而當我們能夠仔細看清楚這些階段後，介入的策略就會逐漸浮現。

七階段的相對應策略

針對這七個不同的情緒行為階段，我們已經在歷年來的臨床實務與教學現場的經驗中，累積出相對應的策略，這些對策的原則如圖1-5，分別是：

❶ **環境調整**（平靜期）
❷ **發現先兆**（導火線期）
❸ **反應中斷**（激躁期）
❹ **重新指令**（加速期）
❺ **退出戰場**（高峰／爆炸期）
❻ **增強**（消弭期）
❼ **增強**（回復期）

接下來的章節中，我們將會針對每一個階段的策略原則，以及具體的介入操作，和大家分享更詳細清楚的內容。

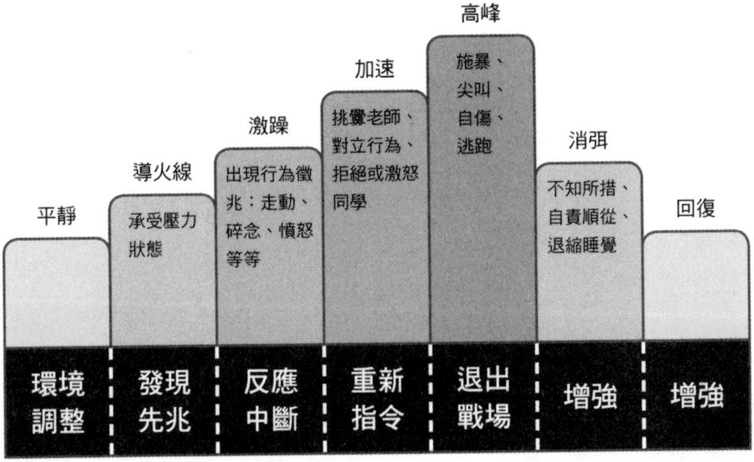

圖1-5 各階段的相對應策略　　*資料來源：賴英宏特教老師

PART 2

情緒發生了什麼事？

2-1 引導孩子面對情緒的階段變化

上一單元我們分享了在情緒行為曲線中，各個階段與應對策略的原則，從這一個單元開始，我們將會逐一分享在每個階段中，協助孩子因應情緒的原則跟方法。

本書會特別著重在**導火線期**、**激躁期與加速期**這三個階段的介入，因為這三個階段往往最令老師與家長困擾，不管是在教室或是家裡，孩子心情好時一切都好談，然而一旦進入導火線期，事情就開始變得複雜又麻煩。

但就算如此，我們仍然要注意的是，許多孩子情緒調節能力的建立，更關鍵的就是在平靜期、消弭期與回復期的介入，因為這時也是溝通效果最好的時刻（就是聽得懂人話）。

第一階段：平靜期

對於孩子的情緒強度，我們可以在平時（**也就是孩子處於平靜期時**），通過一些共通性的原則幫助孩子認識、緩和情緒，並提供應對策略。

在學校，我們也會在「環境調整」的部分加強。如圖2-1，所謂「環境調整」指的是，我們會善用環境中的支援，幫助孩子減少心理刺激或壓力，進而降低爆炸的發生機會。比如，有的老師會在座位上做安排，讓孩子的座

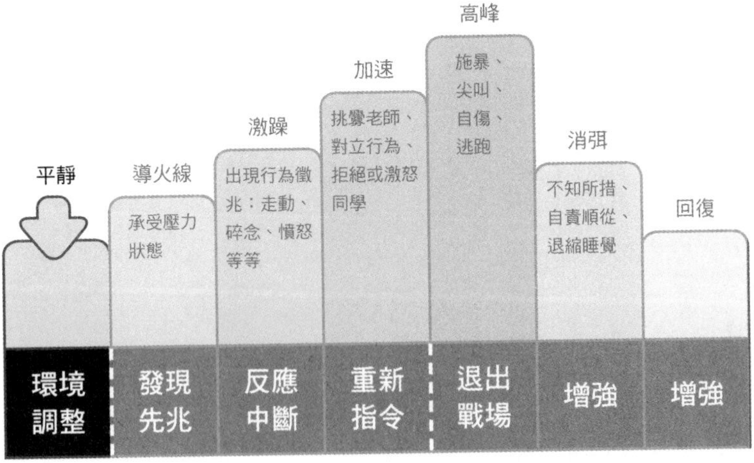

圖 2-1 平靜期的介入原則

位距離講台比較近，或是離某些容易衝突的同學比較遠；還有些老師會安排小天使……。

在家中也可以有類似做法，比如，每天有半小時的運動或散步時間來轉移孩子的注意力，消耗精力；孩子讀書的地方盡量減少３Ｃ產品的干擾等等，任何能夠幫助孩子平穩情緒的安排，都可以算是這個階段的計畫。

而在情緒教育部分的具體方式如下：

1. 教導孩子認識自己的情緒

情緒是很抽象的，越小的孩子越難以理解，但是將抽象的情緒或感覺變成具體的事物，卻是情緒管理中關鍵的第一步。情緒教育越早越好，這對孩子好處多多。我們可以透過像是情緒詞彙、辨識情緒、情緒表達等等的方式進行。在家中，孩子情緒教育的對象通常是透過觀察、閱讀或是與家人的互動模仿中學習，所以教導孩子感受情緒、辨識情緒、表達情緒是相當重要的。

然而在實務上，「認識情緒」往往也是很難的一件事情，原因仍然是如上述所說的，情緒很抽象、孩子詞彙量有限等等，然而「認識情緒」絕對是情緒調節中不可或缺的能力之一。

2. 幫助孩子發現自己獨特的情緒階層

每一個人的情緒，從平靜到爆發再到平復，都會經過本書介紹的七個階段：**平靜↓導火線（壓力）↓激躁（躁動）↓加速↓高峰（爆炸）↓消弭↓回復。**

每個人在這七個階段裡的特徵和表現都不一樣，因此，我們教育孩子的目標並不是要他壓抑不生氣，也不只是教他要平靜，而是幫助孩子去認識他自己的情緒七階層。帶著孩子瞭解什麼場合、什麼方式是可以讓自己平靜的？什麼時候開始有壓力？壓力指數到多少的時候會激躁？壓力過大的時候會有哪些躁動的反應？加速的時候有什麼感覺等等。瞭解自己的情緒階層，

導火線期的問題與反應

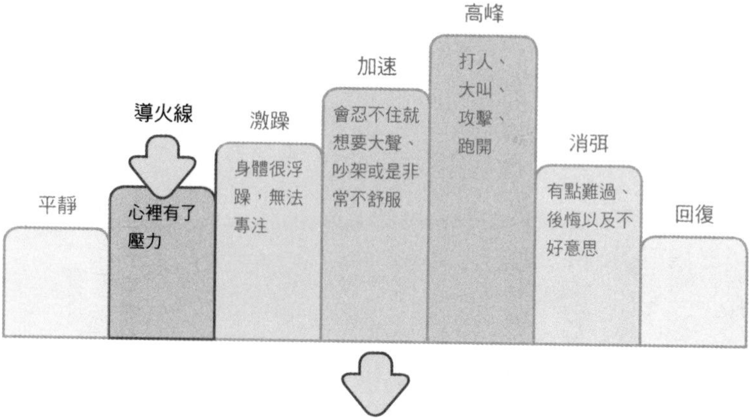

設定問題	孩子的情緒反應
❶ 發生了什麼事情？	小明跟我借橡皮擦不還我，還罵我小氣
❷ 我的感覺是什麼？	很生氣，覺得被欺負，心裡是受傷的感覺
❸ 壓力指數是多少？	（0～14 分）4 分
❹ 我可以怎麼辦？	揍他，是絕對不可以的選擇……
❺ 可以怎麼求救？	下課時跟老師說，回家叫媽媽打電話罵他（？）

圖 2-2 利用情緒七階層，跟孩子一起認識情緒

能夠幫助孩子找到應對的方法，讓他在情緒爆發時找到緩和的機會，與自己的情緒共處。

我們甚至可以將情緒七階層的圖表列印出來，在每一個圖表下方跟著孩子一起討論，並且寫下上述問題的答案，讓孩子清楚看到自己的情緒階層與反應對策。以導火線期為例，如圖2-2。

3. 制定不同情緒階層的應對計畫

一旦我們理解了孩子的情緒階層，就可以和孩子一起制定各個階段的因應策略。

這些因應策略可能包括：放鬆技巧、離開現場、中斷反應，試著轉移能量、求助行為等等。在討論這些因應的策略或計畫時，請盡量不要只有口語上的討論，最後可以做成**視覺化的提示**，效果會好很多。

消弭期與回復期時，可以怎麼做？

1. 聚焦在你希望看到的目標行為上

當孩子情緒爆炸的過程結束之後，請大人找出你覺得在這過程中，孩子做得好且值得肯定的行為，並且給予回饋，而不是只看到孩子的不當行為。這背後的邏輯很簡單：「**行為有肯定就有保留，想要保留行為就要肯定**」。這是心理學裡很簡單的法則，但是在孩子情緒爆炸的過程中，我們卻很容易忽略。

最值得觀察的進步，在於「趨勢」。如果在情緒爆炸的過程中，孩子爆炸的時間比前一次短，程度比前一次小，這就是所謂的「趨勢」。**「趨勢」指的是孩子情緒爆炸或對立的強度，隨著年紀或心理能力的成長，而出現了下降的現象**。這意味著孩子開始有更多的能耐可以調節情緒，雖然做得不盡理想，但的確有改變的「趨勢」，這就是一種成長。

比起看到孩子成長的「趨勢」，大多數人其實更容易看到孩子情緒爆炸或對立行為本身。然而「趨勢」本身代表了孩子能力的增長，也代表了控制力的展現，雖然結果未臻理想，但本質都是情緒調節的能耐，因此「趨勢」更值得我們肯定，也是我們希望孩子能夠繼續成長的能力（情緒調節的展現與嘗試）。

所以**透過肯定，我們就可以讓孩子保留這些能耐。當孩子保留越多這些情緒調節的能耐時，那麼出現爆炸的機率就會跟著降低。**

有關每一個孩子個別化的情緒階層的細項處理，除了家人的細心觀察與嘗試以外，也可以透過心理治療和心理師進一步諮詢討論。

2. 賦能的提問回饋法

什麼是「賦能」呢？

「賦能」指的就是「賦與能力」，指的是心理的「自我效能感」，也就是對自己能夠把事情做好的相信程度。自我效能感越高的孩子，就越傾向相信自己能夠把事情做好。

透過溝通，我們也可以對孩子進行賦能。當孩子有上述的改變或趨勢時，我們可以透過賦能的提問，協助孩子認識自己的改變與不同。你可以問問看孩子為什麼會有這些不同或改變？

「你這次為什麼爆炸的時間縮短了？你怎麼辦到的？」

「你一定做了什麼努力，讓這次爆炸的範圍縮小了，這不簡單，你怎麼做的？」

類似這樣的提問，透過問題本身肯定了孩子的進步，同時聚焦在孩子自身的努力或意願上。在問題的形式上，協助孩子相信自己是有能力的，是能夠自我控制的，雖然有時候做不好，但仍然有機會透過努力做出改善。賦能的提問回饋法，可以幫助孩子從內在建立起自己的控制感。

3. 任何情緒爆炸裡，都有可以教育的部分

雖然情緒爆炸令大人很煩惱，甚至是生氣，不過這也是一個我們可以介

入教育的機會（前提是如果我們還有心力的話，所以請務必記得先好好照顧自己，這才是更關鍵的部分），比如像是，試著耐心的引導孩子轉移注意力、表達情緒、求助行為等等，這些都是可以思考的部分。

有關於平靜期、消弭期與回復期的階段，孩子在這些階段通常是比較好溝通的，這時候上述的介入方法，原則上都能夠達到效果。在介入的原則、做法與理論上，讀者可參考本書第二單元第三節的「定錨理論」、第四單元第三節的「沉沒成本效應」，以及第五單元的輔助做法與案例，都能夠更具體的協助我們清晰。

2-2 當孩子進入導火線期（一）

當孩子進入導火線期，就是心裡開始感受到了壓力，這種壓力可能來自於外在環境，也可能是內在生成，或是內外同時相互影響。

說到這，你可能感到有點恍惚：「壓力就壓力，什麼外在什麼內在，還什麼內外相互影響？」

簡單來說，壓力這種東西它可以很客觀，但也可以很主觀。

舉個例子，假設你現在在上班，老闆臨時要求你要在下午的會議中，上台對高層做簡報，這讓你突然感受到壓力。外在是一個很客觀的事實（你要上台做簡報），同時你內在也開始引發了很多壓力（擔心自己做不好、擔心被主管責備），而客觀跟主觀的狀態又會相互影響（擔心自己做不好，於是上台簡報時反而緊張出錯，於是又更加擔心自己做不好）。

考過教師甄試的老師，或是經歷過求職面試的人，對於壓力應該都不陌生。在教甄試場現場抽一個狀況題，給你不到半小時的時間，接著就要在考官面前對空氣試教、對空氣進行輔導演練，或是回答考官們提出各式各樣的問題。這時想必心中是相當焦慮又煎熬，一方面考題本身就是個壓力，要在考官面前展現自己更是焦慮，同時又很怕自己表現不好，考完試後回想剛剛的表現，不時還會想到自己哪邊沒有做好，應該可以做得更好……，這些都是壓力的表現。

所以說到壓力，它就有上述這些層次。而在教室的情境，可以參考我們在P.28小明的例子。

用延宕爭取處理空間

通常壓力一來的時候，代表環境中有一些狀況影響到了孩子，但實際上我們也很難觀察到這些壓力源，因為我們根本就沒有那麼多時間，也沒有那麼多心力去處理。所以往往等我們注意到時，孩子的情緒可能已經進入到第二階段導火線期末端、第三階段激躁前期了，這時如果你稍微觀察一下孩子，會發現他們多半把心情寫在臉上，皺眉、怒目、睥睨的眼神、下沉的嘴角等等，看起來約略可以猜出他有狀況的特徵。

這時候介入的原則，就是同理跟傾聽。

請別說我老生常談，事實上這是不變的真理，先不說別

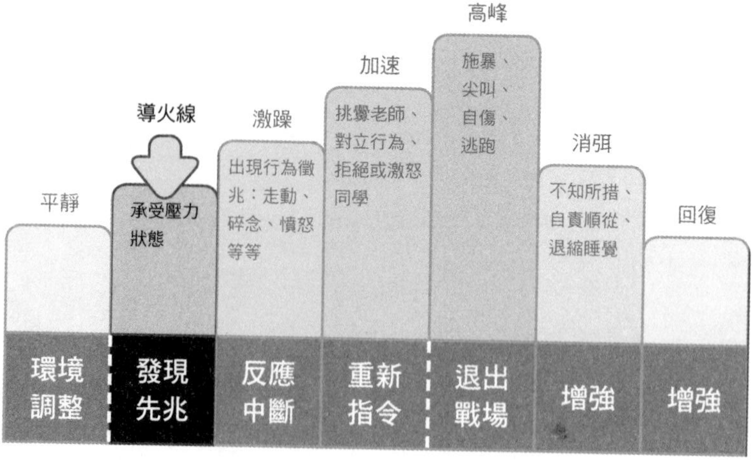

圖 2-3 導火線期，從孩子的外顯行為發現徵兆

的，能被他人理解自己的焦慮，這件事本來就很有療癒性；從另一個角度來說，當一個人有機會不被打斷的分享自身狀態時，那是一種極度專心的過程，而「極度專心」本身就有緩解焦慮的功能。因此，不論同理跟傾聽是否能帶來療癒，「極度專心」的分享或表達，其實就是在緩解壓力。

有關如何同理或傾聽，在許多優質的著作中都有提到，像是李儀婷老師的《薩提爾的親子情緒課》、胡展誥老師的《說不出口的，更需要被聽懂》、陳志恆老師的《正向聚焦》等書，都提供了非常重要的理解面向，讓我們能更加同理孩子，如果想要增加同理溝通的基本功，這幾本書不容錯過。

但通常對老師或爸爸媽媽來說，在孩子情緒來臨的當下，我們手邊可能有一堆事情正在同時進行，世界不太會因為一個突發的意外而停止運轉，但矛盾的是，當我們沒有時間好好處理而忽略了孩子的種種細節時，結果往往就是星火燎原，一發不可收拾，怎麼辦呢？

當你看到孩子已經處在導火線階段，或是激躁前期時，通常也是孩子呈現出某種程度的躁動行為。他不見得會說，但應該能夠從表情跟姿態中辨認。如果你評估當前的條件無法馬上介入，或是很難完全停止時，或許可以先試著延宕這個狀況，同時讓孩子知道你會在空檔時處理，如此一來，孩子內心的壓力會暫時有一個可以安置的空間，也就延後了爆炸的可能。

而有經驗或資深的老師與家長，通常在和孩子提出保證之際，還會同時做到這五個字——「看著他的眼」。簡單來說，就是面無表情，淡然地看著孩子，同時向孩子保證我們會找時間處理。而大部分的孩子聽到老師或大人這麼一說，那種激躁或壓力下的不耐煩反應，就會相對降低一些。

你可能會好奇，為什麼介入的同時還要面無表情呢？因為這種面無表情的「看著他的眼」，有一個更通俗好懂的解釋，叫作「瞪死他」（請別誤會，不是真的要瞪死對方，重點是保持表情與態度的平淡）。這應該是很多人做起來都不陌生的事情，但為什麼「瞪死他」有效？這就要讓我們回到心理學的角度來理解。

善用「正負增強」達到目標行為

相信有學過心理學或教育心理學的人，應該都對圖2-4不陌生，但為了幫助所有讀者可以抓住重點，以下我們會做出比較詳細的解釋。

在2-4這張圖中，我們可以先看到左上方的S，S叫作刺激（stimulation），這種刺激可以是這世界上的任何東西，不管是抽象的還是具體的。

而圖的上方橫排，我們把刺激分成**喜歡**跟**討厭**兩種；圖的左邊直列則是**給**（**提供**）或**收**（**收回**）。在這樣的排列下，一共會產生四種狀況，分別是：

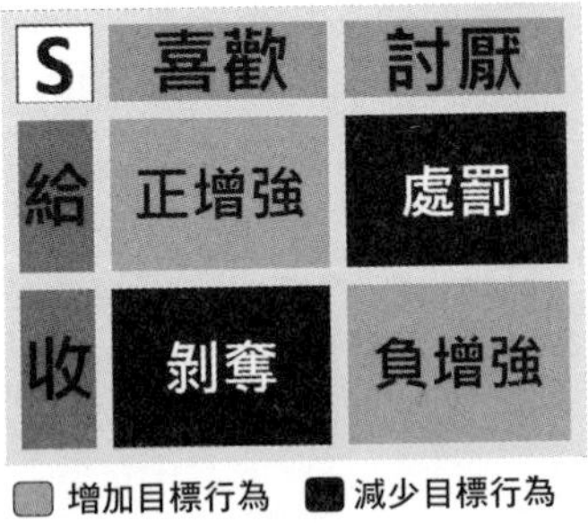

圖2-4 正負增強、處罰與剝奪

❶ **給你喜歡的刺激**（正增強／肯定／鼓勵）

❷ **給你討厭的刺激**（處罰）

❸ **收回你喜歡的刺激**（剝奪）

❹ **收回你討厭的刺激**（負增強）

在解釋之前，你可以先猜猜看「瞪死他」是屬於上面四種中的哪一項？

請作答：＿＿＿＿＿＿＿＿

在準備核對答案之前，請先容我進一步說明。我們先用打電動為例，進一步對照圖2-4來看看。

假設，你喜歡打電動，但不喜歡被罵，不管是電動或被罵都是一種刺激。所以當你功課做完了，我給你半小時打電動，這就是**給你喜歡的刺激**，也就叫作「**正增強**」；而當你電動打到一半時，我發現你功課做得很敷衍，於是我進房間去罵你，一直唸你唸到你很煩，這就是給你一個討厭的刺激，也就是「**處罰**」。唸完之後，原本你還有十五分鐘可以打電動，但我說，你現在不能玩了，因為你功課亂做，這被我收回的電動時間，這就是「**剝奪**」。

現在，你應該比較清楚正增強、處罰以及剝奪的概念了，但是最難懂的其實是第四個概念，也就是「**負增強**」。

什麼是「負增強」？

簡單來說，**只要看到「增強」這兩個字，不管是正增強或是負增強，指的都是讓對方出現或增加我們想要的目標行為**。好比說，你讓孩子功課做完後打電動，目的是希望他能夠優先完成作業，優先完成作業就是我們希望增加的目標行為，所以這就是增強的部分。

那「負增強」又是什麼意思呢？

如果照字面定義，就是我要做出某一個特定的目標行為，當我做出這個行為後，就能把討厭的刺激移開，這就是「負增強」。從孩子的角度來說就是：「我要做些什麼，才能讓現在這個討厭的刺激消失。」而這個孩子「我要做些什麼」的行為，往往就是主試者（在本書中指的是家長或老師）想要希望孩子展現的目標行為。

現在我們懂了上面這四個概念之後，你就會發現生活中很多事情本質上都跟這四個概念有關。

不管是正增強、處罰跟剝奪大家都能舉一反三，負增強的部分要稍微想一下，但只要抓住它的核心原則就好：**「我要做些什麼，才能讓現在這個討厭的刺激消失。」**而這個「做些什麼的行為」，就是目標行為。就像是當你吃飽晚餐躺在沙發上自顧自地看電視，碗盤都堆在流理台沒人清洗時，你的家人可能會一直在旁邊碎碎唸，唸到你覺得很煩的時候，你乾脆就起來洗碗。當你起身洗碗的時候，你的家人就閉嘴了，這就是負增強的應用。

因為「我要做些什麼（洗碗），才能讓現在這個討厭的刺激（家人的碎碎唸）消失。」但是對原本碎碎唸的家人來說，你的行為（洗碗）正是他要的目標行為。

現在你懂了這個道理之後，我們再回過頭來看看「瞪死他」，是屬於這四個原理中的哪一個呢？一樣可以從「我要做些什麼（目標行為），才能讓現在這個討厭的刺激（老師／大人面無表情的看著我）消失」的角度來思考，你應該就會有一個方向了。

沒錯！答案就是：**負增強（我要先做些什麼，才能把對方「面無表情看著我」的刺激移走**。）

當孩子處在導火線階段，或是激躁前期時，他已經累積了不小的壓力，開始有點躁動，但突然間，看到老師沒有表情淡漠的看著他，這種感覺他不太喜歡，但基於過去的經驗和直覺反應，他知道只要自己先安靜或沉默下來，老師的眼光就不會再停留在他身上，於是他開始試著先安靜一會兒。一旦他安靜下來之後，注意力也比較能夠放在老師身上，這時當他又聽到老師跟他說「你的問題，我今天一定會找時間跟你討論，一起處理」時，就比較能聽得進去，同時也在對方的保證中延宕自己的需求。

因此，當我們沒有時間或條件不允許我們和孩子溝通與同理，而偏偏孩子又處在壓力階段或激躁期的緊急狀況時，善用前文介紹的心理學原理是一個相對折衷的方式，讓場面可以先適度的獲得控制。

其中負增強的使用就是**雙眼凝視**、**表情平淡**、**語調平和三大原則**，也就是表情盡量平淡，不以憤怒或狂罵的姿態出現，我們在實務工作上發現，這能夠有效的降低激化或對立的出現機率。

我們的目的並非在處罰學生，而是在非常有限的條件下，協助孩子在不順意的狀態中，盡量增加穩定的可能，並延遲孩子的情緒往下一個階段發展的機會，如此一來，對孩子有幾個很重要的幫助：

❶ 能夠試著維持自己的狀態

❷ 能夠學會延宕自己的壓力與需求

❸ 減少外顯行為對班級的干擾，就是對人際關係的維護

❹ 維持師生關係的平衡，減少彼此情緒的堆疊與抗拒

心理學小課堂

猜猜看，以下這幾個例子，哪些是A正增強、B處罰、C剝奪，以及D負增強？

（　）❶孩子考試考高分被口頭稱讚

（　）❷孩子罵髒話被送學務處

（　）❸晚上追劇時，接到家長／導師連環 call

（　）❹高速公路上的【測速照相】告示牌

（　）❺孩子放暑假

（　）❻閱讀品皓心理師的著作（請務必想清楚再回答）

解答：❶A。❷B或A（對某些孩子來說，送學務處是獎勵，因為可以不用上課）。❸A、B、C都有可能，端看你的心態。❹D。❺看對象是誰，對孩子而言普遍是A，對家長而言……❻請想清楚後依個人意願回答。

從答案中，我們可以看到每一個刺激對不同的人，意義是不一樣的。因此當你用了以為是鼓勵或處罰對方的手段，有時可能在對方心中意義完全相反，這也讓我們意識到：理解對方的需求，從哪個角度來說都是很重要的事情。

2-3 當孩子進入導火線期（二）

在導火線期，除了孩子本身的壓力以外，有些時候基於各式各樣的原因，孩子會出現許多近似於對立的行為。這部分可能與現場的壓力無關，而是孩子本身的氣質，或是過去生活經驗中的各種原因，以至於孩子在班上出現不合作的反應。

這部分的介入通常很難在班上直接處理，加上原因各不相同，所以典型上遇到比較容易出現對立行為，或是抗拒班規的狀態時，都非常需要輔導資源的介入，從根本的底層來探討原因，才能找到長效的方法。

但回到最現實的問題，還是一樣：「當下你沒有足夠時間」。因此，在面對孩子的對立或抗拒行為時，我們能夠怎麼辦呢？如果這個部分不好好處理，很容易演變成更多挑釁、爆炸的局面，但基於每個孩子對立的原因不同，因此我們無法立即很細膩的提供個別化的探討，雖然這才是真正核心的關鍵，但為了讓老師與家長能夠有更彈性的策略，我們或許可以從另一個角度來思考——人性。

心理學家對「人性」的探究與摸索歷史悠久，許多人性普遍的現象，或許就可以借我們用來處理這裡的狀況。但首先，我們要先瞭解一下關於人性的幾個面向，因為，唯有當我們都能經驗並意識到，自己也有這份人性的特點時，才能說服自己，這些理論有應用的價值。

人性實驗：你會買幾份？

先假設有這樣一個狀況，你想要在最近一次長假出國旅遊，但是因為時間有限，所以你打算飛往鄰近的國家。其中，可以在有限時間內享受高品質的旅行，大概就是去日本了。於是勤於規劃旅遊的你做了詳細的功課，每天都排了許多景點，而有一個你非去不可的必去景點，那就是藥妝店。

本日心理韌性大補丸
特價
現在只要
原價 180
120
數量有限、預購從速
【禾禾藥妝】

圖 2-5 藥妝店海報

假設在日本的你到了藥妝店後，發現架上有一款產品（姑且叫它心理韌性大補丸），就是你出國前列入必買清單的產品，你預計要買一瓶。然而當你伸手正要拿的時候，你抬頭一看，看到架位上有一張海報，這張海報是這樣子寫的，如圖2-5。

你一看到海報，「心理韌性大補丸原本定價一百八十元（台幣）現在特價只要一百二十元（台幣）」，腦袋就不禁開始飛快運轉，轉了幾圈之後你得出一個驚人的結論：「好便宜呀！」

這時問題就來了，請問你，在你至少會買一瓶「心理韌性大補丸」的前提

本日心理韌性大補丸
特價
現在只要
原價 180
120
數量有限、每人限購 4 盒
【禾禾藥妝】

圖 2-6　藥妝店海報

下，當你看到這張海報時，你會購買幾瓶呢？

請記下你的答案：＿＿＿＿＿＿

接著，過了一年後，你又安排了好幾天的長假打算出國旅遊，買了去日本的機票，勤於規劃行程的你，事前做了詳細的功課，照樣安排了必去的景點，藥妝店。

等你到了日本，進了藥妝店後，發現架上擺著心理韌性大補丸。跟去年一樣，心理韌性大補丸就在你的必買清單中，你預計要買一瓶。正當你伸手要拿的時候，抬頭一看，你忽然看到一張海報，這次海報是這樣子寫的，如圖2-6。

你一看到海報，「心理韌性大補丸從原本定價一百八十元（台幣）到特價一百二十元（台幣），而且每人限購四瓶」，腦袋就不禁開始飛快運轉，轉了幾圈之後，你得出一個跟去年一模一樣的驚人結論：「好便宜呀！」

這時候問題就來了，請問你，在你至少買一瓶「心理韌性大補丸」的前提下，當你看到這張海報時，你會購買幾瓶呢？

請記下你這次的答案：＿＿＿＿＿＿

現在，當你做完這兩輪測驗之後，請試著比較一下第一輪跟第二輪，你購買的瓶數有沒有差異？如果有，差異在哪裡？如果沒有，也請聰明的讀者試著猜猜看，如果我們找了無數個讀者來測驗，大家在第二輪活動購買的平均瓶數，會接近哪個數字呢？

答案是：＿＿＿＿＿＿

你猜想的答案，如果沒有意外的話，應該是「四」對嗎？

為什麼大家在第二輪會傾向買四瓶呢？我猜你應該會說：「因為限量呀！」

沒錯！就是因為限量，所以你會覺得就要買到最高限量才比較划算。可是請仔細想一想，如果一開始沒有跟你說限量，你很可能只會買一瓶或兩瓶（當然也可能買非常多瓶），相當隨意彈性，那為什麼一旦放上「限量」之後，我們就好像著了魔，忍不住想要買到上限呢？

什麼是定錨效應？

在這個普遍現象的背後，其實有一個簡單的心理學原理可以說明。

這個心理學的原意，如下頁圖2-7。請各位先想像一片汪洋大海，有艘船行駛到海中央，它在這放下了船錨。當船錨掉到海底時，你會發現無論風雨再怎麼大，風吹浪打，船都不會離開下錨的地方太遠，也就是說，下錨的位置，決定了船最後停泊的範圍。

這在心理學裡有一個很重要的意義：**你把錨放在哪裡，船就會在哪裡**。因此船的位置，除了駕駛以外，也會受到船錨的影響。我們把這個概念，簡稱為「定錨效應」。

下錨的定點決定了船在海面上活動的範圍，所以在前文的例子中，廣告商其實偷偷在文案中給出了一個影響你購買數量的下錨點，也就是「限量四瓶」。於是當下錨點在「限量四瓶」時，你會發現我們購買的數目也會往四靠近。

現在，我們理解了「定錨效

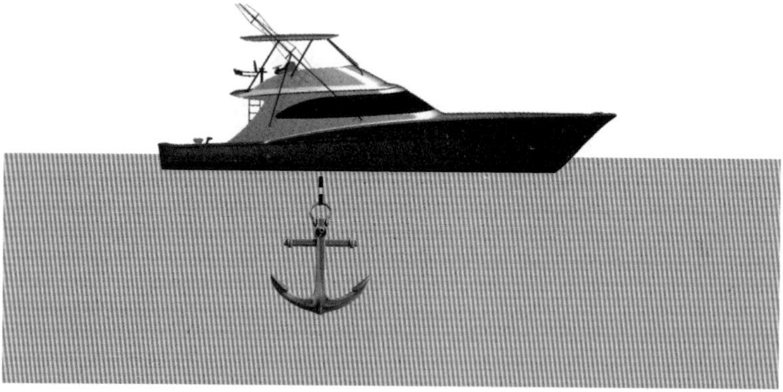

圖 2-7　錨放在哪裡，船就會在哪裡

應」的原理跟例子之後，就要把它應用在我們的現實生活中了，否則都只是空話而已。

改變行為前，先改變意義

在這裡，我們可以用一個簡單的比喻，來看待船跟錨的關係：你可以把孩子的「行為」**看成船**，而**錨就是行為背後的「意義」**。

很多時候，意義（錨）決定了行為的表現（船），如果你只是試圖移動船，卻不管船所放下的錨，那麼不管怎麼移動，船還是會回到錨的上方。所以你可以先移動錨，如此一來，船就會跟著錨移動。

同樣的道理，換句話說，**如果你要改變行為（移動船的位置），你可以先改變意義（移動錨的位置）**。

（船的位置）	＝	（下錨的點）
行為		意義

圖 2-8 「行為」如船，錨就是行為背後的「意義」

於是我們可以得出一個簡單的公式，如圖2-8。

當我們想要改變某人的行為時，可以先思考這個行為背後對當事人的意義是什麼？有沒有可能改變這個意義？

我們再舉一個簡單又明顯的例子。有個孩子叫小明（又是小明……），小明每天七點半前都會到學校，從來沒有例外，也沒有遲到過。有段時間，因為家中出現了一些變故，導致小明每天早上的到校時間會超過七點五十分，由於事前家長有告知老師，老師也完全可以理解跟接受。然而當小明上學發現自己遲到之後，竟然隔天就拒絕去學校了。

對於小明突發的拒學，老師跟家長都很納悶，因為平時家裡跟學校都沒聽過小明抱怨什麼事情，同學相處也還算平和，但拒學問題還是要處理。

轉介了輔導教師，和駐校社工一起合作，試圖弄清楚小明拒學的原因。但折騰了好一陣子，小明說什麼就是不去學校，最終隨著團隊夥伴們耐心的抽絲剝繭跟拼湊還原，才慢慢發現原因。

原來對小明來說，他很堅持「時間」和「準時」這件事，他認為七點半以前到學校才是「好學生」的表現，所以當家裡發生暫時的變故，導致他遲到之後，他發現這違反了「好學生」的標準，於是就選擇不去上學了。

在小明的例子中，我們可以用定錨效應來做一個簡單的理解，如圖2-9。你會發現，在七點半以前抵達學校這個行為本身，符合小明對「好學生」的認定，因此當他發現自己遲到就無法滿足他對「好學生」的標準時，他便固執的選擇不去學校。

所以，當我們用定錨的角度，理解了小明的行為跟背後的意義時，我們就可以同樣用定錨的概念來試著解決問題。

行為	=	意義
7:30 到學校		好學生／好表現

圖 2-9 小明心中的好學生

現在請回到圖2-8，先思考看看，你會怎麼做呢？（提示：要改變行為，先改變行為的意義。）

為「好學生」的定義重新定錨

首先，我們要改變的是行為背後的意義，所以小明很在意的一個意義，是他想要做好出符合好學生的行為。對小明來說，怎麼樣才是好學生呢？很顯然地，早上「七點半到學校」才是好學生，超過七點半就不符合好學生的表現。

我們在理解這個意義跟關聯之後，下一個步驟就是「改變意義」。

小明還是想當好學生，但是他對好學生的定義太狹隘了，跟七點半到校緊緊綁在一起，所以如果我們可以改變小明對好學生的定義，或許就可以反過來改變小明的行為。

所以我們的目標，就從改變好學生的定義開始試試看。

拿定這個主意之後，我們便請導師、專輔教師、駐校社工一起聯合，從家訪、輔導以及電話聯繫中，試著灌輸孩子一個概念：「當你願意在這麼不方便的情況下，還堅持來學校，這份態度對老師來說，就已經是好學生的表現了。」團隊把握每一次和孩子互動的機會，用各種方法無形中鬆動了小明原先對於「好學生」的意義，沒有多久，小明就學的狀況大幅改善。

所以我們的策略就從圖2-10

行為	=	意義
盡力克服交通困難到學校		好學生／好表現

圖 2-10 重新定錨好學生的意義

行為	=	意義
趕在7:50分前到學校		好學生／好表現

圖 2-11 進而改變孩子的行為

開始，隨著重新定錨「好學生」的意義，最後結果變成了圖2-11。

看完小明的例子之後，相信大家對於「定錨效應」的理解跟應用，有了更具體的概念。但想像總是比現實美好，在面對班上行為對立或違抗規範的孩子時，我們該如何應用「定錨效應」呢？讓我們在下一節繼續。

2-4 當孩子進入導火線期（三）

在上一節，我們和大家介紹了「定錨效應」的理論以及具體應用，接下來，讓我們直接進入到班上或是家中的情境。

如圖 2-12，想要改變孩子的行為，關鍵就在於找出行為背後可能的**主要**意義，然後試著移動或改變這個**主要**意義。

之所以特別強調**主要**兩個字，是因為在人的行為背後，有時候成因是很複雜、很多層次的，不會只有一個意義存在。而我們能夠找出行為背後的**主要**意義就已經很不簡單了，這必須有賴於細心的觀察、貼近的理解以及客觀的推論，如果缺乏這樣的態度，往往

（船的位置）	＝	（下錨的點）
行為		**意義**

圖 2-12　試著移動或改變主要意義

很難找到行為的主要意義，而失去了應用的契機。

如何利用定錨效應？

現在回到學校現場，「定錨效應」要如何應用在對立行為或是抗拒的狀態下呢？我們先看看以下的狀況：

六年級的小明在班上常常跟老師唱反調，或是上課上到一半的時候發出怪聲，一會兒晃動桌子、一會兒大聲的打哈欠。如果老師告誡小明，小明反而會變本加厲製造出更多聲音，不是隔著口罩突然一陣咳嗽，就是用衛生紙不斷擤鼻涕，咳嗽加上擤鼻涕的聲音常常讓老師很難忽視，但又不好當面質疑，有時候老師會請小明小聲一點，小明又會大聲抱怨：「我就是很不舒服呀，不然要怎麼辦？」請他去保健室，小明又拒絕：「那不會寫功課誰要幫我寫？」

倘若孩子在教室或家中做出這樣的行為，而您還能夠沉著應對，請受我一拜，想必您已經達到了上乘修練的境界。一般眾生修養如我，看到這一幕，我應該就先自爆了（直接進入情緒行為曲線的爆炸期）。

因此，最有經驗或是道行最高的讀者，往往都會利用空暇時間，私下和孩子談談心，讓孩子能在大人曉以大義、動之以情的循循善誘下，理解自己的行為所帶來的困擾。亦或是貼近孩子內在的心情，看到孩子成長的脈絡，並且同理孩子當下行為的底層動機。這是我們最期待的方式，也是最理想的解決之道。

但如果礙於有限的時空條件，或是溝通不到位，甚至孩子不吃這一套時該怎麼辦呢？

我們仍然應該努力嘗試理解孩子，這是最優先的目標，這時也可以搭配「定錨效應」的應用。就好比上述例子中的小明，在班上總是小動作不斷，但是當你意識到小明之所以這麼做，背後似乎有一個很大的原因：他覺得只有自己才敢這麼做，其他人都沒他這麼霸氣。所以當他在全班面前跟老師公然唱反調時，可以突顯出他的獨特：「怎麼樣，只有我罩得住！」當你細膩的理解到孩子行為背後的這層意義時，此時「定錨效應」就可以派上用場了。

重新置換行為的意義

經過你的觀察與貼近的理解後，小明的行為跟意義的關係如圖2-13。

行為	=	意義
嗆老師		罩得住

圖 2-13 小明嗆老師背後的行為意義

於是像上一節所說的，我們要試著改變或是鬆動原本行為背後的意義，如圖2-14。

行為	=	意義
嗆老師		？（改變或鬆動）

圖 2-14 試著改變或鬆動主要意義

你可能會找小明來你的辦

公桌旁邊聊聊，在談心的過程中也同時思索著如何鬆動這個意義呢？你突然想到小明的個性非常愛面子又防衛，過去只要和他討論到自己的感受，小明就卯起來否認，所以這次你打算反其道而行。

「小明呀，我覺得你大多數時候都很成熟又善解人意，但我覺得很納悶，為什麼有時候我發現你在上課的時候，還在用一、二年級小弟弟才會用的方式，讓大家去注意你呢？（指和老師唱反調的方式）」

「我知道你在這些行為的背後，其實就是想要大家注意到你呀，但你這麼聰明的一個人，應該有更適合的方式，不是嗎？」

類似像這樣的說法，敏銳的讀者有沒有發

	行為	=	意義
原本	嗆老師		罩得住（原本的錨）
置換	嗆老師		要關注（重新移動）

圖 2-15　移動定錨點

現？我們正在把原本小明認為是「罩得住」的行為，透過你的溝通，默默置換成是「要關注」的行為。於是「定錨效應」就變成上頁圖2-15。

對小明來說，有兩種可能的層次。第一個，是他不覺得自己是在要關注；第二個，是他意識到自己想要被關心，但不想被人家發現自己也有這麼軟性的需求。（有時候孩子就是這麼扭捏，但我們大人何嘗不是？）

不管是哪一個層次，當老師這麼解讀時，行為的意義就在溝通中被無形的重新置換了。不管小明是否承認，他也會意識到老師是這麼解讀他的行為。

因此，隨著你在私下的溝通（重新置換），上課時對小明意味深長，但又不當面戳破的眼神：「我知道你在搞什麼東西。（線索暗示）」或是走到小明身邊小聲又迂迴的提點：「你知道你有更適合的方式，來得到你想要的東西吧？（點到為止）」

這些都是在重新置換行為背後的意義，如圖2-16。

當小明也從你的明示與暗示中，理解或重新解讀自己的行為是在「要關注」時，這種軟性的需求跟原本「罩得住」的陽剛調性，形成了強烈的對比，於是小明就在這過程中，逐漸消退了這個行為，因為對小明來說，他可能有幾個狀態：

「我才不要別人覺得我是在要關注，那我不要做（這個行為）了。」

「我理解到自己其實想要關注，但我用的方法太退化了。」

「這個人理解我，而且他好像滿罩的，我覺得可以配合。」

	行為	=	意義	介入策略
原本	嗆老師		罩得住 （原本的錨）	
置換	嗆老師		要關注 （重新移動）	❶ 私下溝通 ❷ 線索暗示 ❸ 點到為止

圖 2-16 鬆動意義與介入策略

當孩子唱反調時

從小明的例子中，我們說明了如何在處理一些情緒行為或是對立行為時，應用「定錨效應」介入方法。

但讀者們看到這裡，如果覺得「太好了！這個方法一定要來試試看！」的話，我必須說這是不夠的，因為面對中高年級生的伶牙俐齒、國高中正值青春期血氣方剛的孩子，當你試圖在溝通中置換意義時，他只要三個字就能讓你啞口無言，我們重新試想上例中的對話：「小明呀，我覺得你大多數時候很成熟又善解人意，但我覺得很納悶，為什麼有時候我發現你在上課的時候，還在用一、二年級小弟弟才會用的方式，讓大家去注意你呢？（指和老師唱反調的方式）」

小明：「我沒有。」

「……我知道你在這些行為的背後，其實就是想要大家注意到你呀，但你這麼聰明的一個人，應該有更適合的方式，不是嗎？」

小明：「我沒有。」

「……不是，你不覺得……」

小明：「我沒有呀！」

「你不覺得你一直在否認，一直再說『我沒有』嗎？」

小明：「我就沒有呀！」

「……」

你會發現，只要小明說出「我沒有」三個字，或是任何類似的字句：「不知道」、「是喔～～（尾音拉長）」、「真的假的（尾音拉長）」、「最好是啦」等等，這場溝通應該就離破功不遠了。

所以面對像是這樣青少年或孩子常見的溝通狀況，除了「定錨效應」以外，我們還可以加入「雙重束縛（Double Bind Theory）」的溝通方式，讓對方暫時無法用否定言論來反擊你。

善用定錨效應＋雙重束縛

所謂「雙重束縛」是指提出一個矛盾的雙重指令，讓對方陷入自相矛盾的語境與邏輯中。於是，典型的「定錨效應」搭配「雙重束縛」的溝通法會是這樣：

範例一

A 定錨效應：「好啦好啦，我知道你不是故意要做這些事，你是因為想要吸引注意才這麼做是不是？唱反調讓你覺得很有權力，又還可以被全班注意，對不對？」

B 雙重束縛：「但如果你現在在我面前說『是』就好像被看穿了，所以為了否認，你只能說『不是』，對吧？」

範例二

A 定錨效應：「好啦好啦，我知道你不是故意要做這些事，你是因為想要反對我才這麼做的是不是？唱反調讓你覺得很有權力？」

B 雙重束縛：「但如果你說『是』的話就顯得好像很弱，所以為了不要被看穿，你應該會說『不是』，對吧？」

通常當你 A ＋ B 一氣呵成、輪番說完之後，小明的反應會是：「…………啥？」

這樣，就對了。

以上兩個例子，就是「定錨效應」搭配「雙重束縛」的溝通法。請記得，我們並不是要在態度上壓制孩子，而是嘗試在溝通中，重新置換行為背後的意義，並且增加溝通的效率。讓無意義的雄辯或慣性否定的情況，不至於打破溝通的節奏，最終達到協助孩子減緩對立出現的可能性。

心理學小課堂

請選定一個你想要協助孩子改善的對立行為，利用下圖2-17定錨效應的角度，思考孩子目前行為的可能意義？可能可以置換的意義？以及介入的策略可以是哪些？

若在介入策略上遇到困難，或許可以閱讀完本書後，再回過頭來思考這個問題。在本書的後半部，將有更多對於介入策略的討論。

	行為	＝	意義	介入策略
原本			（行為對孩子可能的意義是什麼？）	透過行為觀察、溝通與探訪、團隊合作等等管道，協助我們對孩子行為背後的意義有脈絡性的理解。
置換			（我們可以置換那些意義進去？）	

圖 2-17

PART 3

在情緒暴衝前切斷連結

3-1 當孩子進入激躁期

上一單元，我們針對孩子在導火線或是激躁前期的階段，介紹了可以採取的策略，以及背後所依據的理論。不過大多數時候，孩子的情緒或事情進展，往往比想像得還要快，當我們發現不對勁時，孩子可能已經處在激躁末期的階段，如圖3-1，馬上就要邁向加速期。

這是一個相對急迫的狀態，因為一旦進入加速期，我們能做

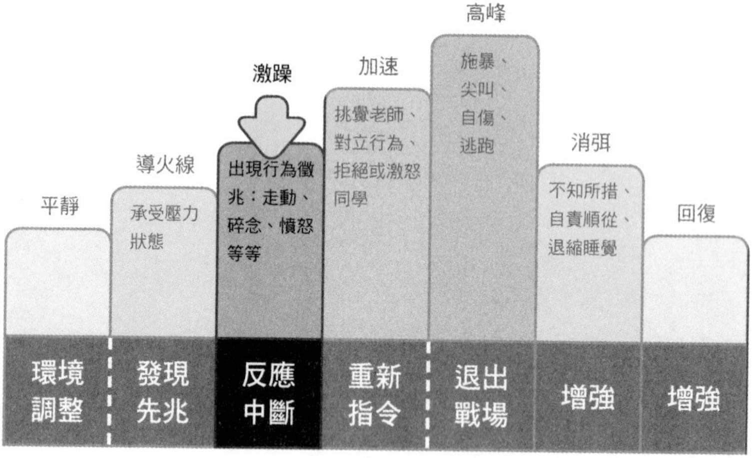

圖 3-1 當孩子進入激躁期

的就非常有限。孩子可能在極短的時間內直接衝向高峰期。因此在激躁期的介入，也是比較緊急的狀態。

在壓力持續湧入、孩子內在難以負荷跟消化、反應開始激躁，又即將進入加速與高峰期的狀態，如果我們能夠適度打破這個連結，就有機會能讓急迫的狀況，得到一定程度的緩解。

「要打破這個連結有這麼簡單嗎？」你心中大概會這麼想，同時忍不住翻了一個白眼。

事實上，當一個人的情緒進入激躁期時，要讓他不往下一個階段跑，的確很難。不過如果我們能先弄清楚激躁期階段的邏輯，或許就有機會從中得到解決的方法。為了讓讀者們能夠和我一起探索這背後的原因，我就要問問你囉：**「你覺得為什麼一個人原本好端端的，但沒多久之後就突然就爆炸了呢？」**（呃，我是指情緒上的爆炸，不是物理上的。）

「不知道，我只知道我買書不是讓作者來問我問題的。」（……我建議你先闔上書本休息一下再來。）

「應該是發生什麼事情吧？或是有什麼人惹到他吧？」你可能會這麼說。

「那如果真的發生什麼事情，或是誰惹到他，然後呢？為什麼會爆炸？」我會這麼追問你。

「因為就不爽呀！」

「不爽，然後呢？」

「不爽就會比較激動嘛，可能就暴衝了，但在教室或是在家裡暴衝，行為影響到別人就是不應該呀，而且從另一個角度來說，如果他自己很難克制，那是不是我們也應該要多給他一些空間……」

「好，先說到這裡就好。我們簡單整理一下剛剛的討論，就是外在環境先有一個**狀態**（可能是某個人、某個情境），然後這個情境讓當事人感到**不舒服或不爽**，於是累積到滿出來再也裝不下之後，就變成了**行為**。」我們可以整理成一張簡單的流程圖，如圖3-2。

在這裡，我們會看到**某一個情境**（可能是某個念頭、某個人做的某件事或說的某句話，或某個事件），**引起了情緒**，然後**導致行為**。然而，大多數時候我們常常只看到最後的行為，或是再往前看到情緒的狀態，但關於引發情緒的這些情境，我們卻很少有機會介入，或是就算介入了，方法也不太有效。

所以按照圖3-2的過程反向思考：**如果我們有可能在刺激跟想法發生之際，先切斷這個連結或歷程，是不是就有可能暫時延緩，或降低情緒跟行為的發生機率呢？**

或許這是一個值得思考的方向。

「切斷反應的連結？這怎麼可能？事情又還沒解決，人又不是蘿蔔，怎麼可能說切斷就切斷？」

圖 3-2 情緒行為引發流程

你心中應該會很納悶這一點。

不如我們來做個簡單的實驗，看看究竟這有沒有可能發生。

切斷反應的連結

實驗步驟

❶現在，我要請你想像，在這半年內曾經讓你感到生氣或不爽的一個對象，可以是人，可以是事件，可以是某個狀況。只要是你一想到就會覺得很不高興的對象、人或事都可以。（先讓自己定錨在這個對象上。）

❷請你想到這個對象後，寫下你最想罵出來的三句話，任何惡毒、黑暗、不堪入目的話都可以。（內容越長越好，請記得活動結束後要清理掉。）

❸看著你寫的這幾句話，用你最生氣的音調、聲量以及氣勢，大聲罵出來。

舉例：「你這個白癡，我當初真是瞎了狗眼才會嫁給你，豬腦袋，永遠都是這麼自私，只想到自己，都多大一個人了，到現在做什麼事情拖拖拉拉只會逃避，沒半點事情做好。」（由於本書為普遍級，故舉例內容僅是真實世界惡毒程度的十分之一。同時在此嚴正聲明，舉例內容純屬虛構，不隱射任何作者經驗。）

❹重複這個實驗，直到你覺得音調、聲量都符合生氣憤怒的狀態。

❺感受一下，此刻的你有什麼感覺？你會發現好像有一點點激動，有一點點情緒的浮動。

❻接著，請你用《兩隻老虎》的曲調，唱出你剛剛寫的這串話，必要時可以配合旋律做一些小改版。

舉例：「你這白癡，你這白癡，我瞎了眼，才娶到你（嫁給你），做事這麼自私，永遠拖拖拉拉，豬腦袋、豬腦袋～～～」

❼唱完之後，感受一下，當你用《兩隻老虎》的曲調唱完這些咒罵或字句後，此刻的你有什麼感覺？

❽當我們把步驟❺跟❼做一下比對之後，你可能會發現步驟❼根本在

搞笑，因為當你用《兩隻老虎》的曲調唱著原本罵人的字句時，你會發現原本應該要生氣的情緒，此時很難如同第一次般激動，為什麼會這樣呢？

❾這背後的邏輯有很多種解釋。其中一種，就是原本應該是從生氣的「對象」→「情緒」→「行為」一氣呵成的活動（找出一個生氣的對象，憤怒罵出一串生氣的字眼），我們卻把呈現內容的方式換成《兩隻老虎》的旋律。所以當你的情緒、行為跟旋律的曲調不一致時，你會發現你的情緒被中斷了，所以就算假裝生氣，也很難在《兩隻老虎》的旋律中，生氣地唱出你寫的內容。

這是一個很簡單的實驗，但我其實只是想讓你知道，**反應是有可能被中斷的，尤其是當刺激跟情緒不一致的時候**。因此重點就在於當孩子處在激躁期的當下，我們可以提供什麼樣的刺激中斷反應，請見圖3-3。

在圖3-3中，我們可以看到原本從「情境刺激或想法念頭」到最後「引發行為」應該是連貫的反應，但是當「情境刺激或想法念頭」到「產生情緒」

中間的連結被打斷之後，這個過程就被中斷了。於是「情緒」到「行為」之間的連結也由實線衰退成虛線，意味著暴衝或對立行為的機率跟著降低。

接下來，我會提供讀者朋友們，這幾年我們在校園（或家庭），面對孩子激躁時，幾個效果比較好的反應中斷法。這在時間或條件有限的情況下，是可以優先介入的選擇。

這些反應中斷法，分別是：

❶ **關切法：**需要幫忙嗎？（學會求救，重新定錨）

❷ **選擇法：**你要先A還是B？（增加行為選項，建立彈性）

❸ **提示法：**慢慢來，我等你（學會放鬆）

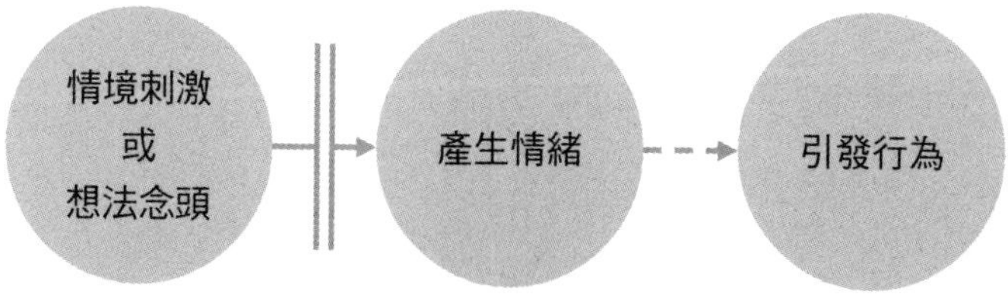

圖 3-3 斷開鎖鍊魂結法

❹ **澄清法：**你是在對我生氣？（設定情緒界線）
❺ **暗示法：**我知道你不是刻意（透過認知換位，減少情緒卡位）
❻ **提醒法：**你有更恰當的做法（重新框架）
❼ **轉移法：**注意力轉移（轉換空間，提供任務）
❽ **漸進法：**腳在門檻效應（逐步小忙到大忙）
❾ **負增強法：**冷眼平淡

下一節，我們將會針對這幾個策略，做出比較仔細的說明。

3-2 反應中斷法（一）：關切、選擇、提示

在前一節，我們介紹了激躁期的概念，並列出了幾種在實務上常見的反應中斷法。這些反應中斷法的目的，在於**中斷孩子從激躁期往加速期的階段邁進，避免後續事態的擴大，因此講究的是當下的介入，而不是長期的處遇**。

接下來，我們將會針對這些方法，做出更加仔細的說明和介紹。

這一節的內容，我從台北市特教資源中心賴英宏老師的經驗中，得到了啟蒙與學習，也從余懷瑾老師的著作《慢慢來，我等你》中，得到許多寶貴的靈感。並於往後的實踐中，得到相當多學校老師在實務上的經驗回饋，逐步修正而成。以下我將學習自賴老師的架構與實務上的經驗整合，逐一與各位說明分享。

中斷法一：關切法

當看到孩子已經處在激躁期時，有些經驗資深的老師會默默走到孩子旁邊，不慍不火的問孩子：「你有需要幫忙的地方嗎？」

有時候，當原本躁動的孩子看到老師就站在面前，並主動詢問自己的需要時，這時通常在孩子身上會有幾件事情發生：

1. 注意力轉換

孩子的注意力會從原本引發躁動的狀態中暫時抽離，回到老師的問題上。

關切	需要幫忙嗎？ （學會求救，重新定錨）
選擇	你要先A還是B？ （增加行為選項，建立彈性））
提示	慢慢來，我等你 （學會放鬆）

圖 3-4 反應中斷法一：關切、選擇、提示

2. 重新定錨

詢問對方有什麼「需要幫忙？」，這個探問本身就是在重新定錨對方的狀態，幫助對方在無意識中轉換心理的位置。

原本他可能是很生氣、很不爽的狀態，但是當他聽到「需要幫忙」時，這暗示自己處在需要幫忙的狀態，於是這提供了一個全新的角度，讓對方踏出了原本所處的框架。

3. 界定處境

透過「需要幫忙」的提問與界定，讓孩子慢慢學會界定自己當下的處境是可以接受幫助的，也是需要被幫助的，這無疑是幫助孩子學會了「求助」的必要。

有些孩子會將「需要幫忙？」這句話視為自己軟弱的展現，所以反而會否認或拒絕，這時若改成「我可以怎麼幫你？」或許也可以，因為這句話跳過對方的意願，直接討論「幫忙」的方法。

中斷法二：選擇法

選擇是一種假民主之名，行獨裁之實的反應中斷法，透過拋出一個個看似能夠自主選擇的空間，其實是在協助對方試著自主性的管控反應的範圍。比如當孩子躁動時，有些老師或家長會這麼問：「你現在看起來狀態不是很好，或許你需要消化一下，你覺得你想要試著上課（寫功課），還是想要先休息一下下？」

大部分的孩子會順勢選擇休息。你可能會想，那這樣不就沒戲唱了？孩子一旦選擇休息，那課堂怎麼辦？難道就不用上了？別人看到會不會有樣學樣？有關於這些擔心，有一個簡單的解決方法，就是你可以再用一次選擇法詢問孩子：「休息能夠幫助你緩和一下自己，你覺得以你的狀態，你需要兩分鐘、五分鐘，還是十分鐘？」

沒意外的話，在這個例子中，十分鐘應該是最有利的時間。不過，當孩子依著你的問題做出有利於他的選擇時，從本質上來看，這個選擇就是一種承諾，代表他承諾要用十分鐘的時間來穩定自己。儘管事情通常不會這麼順利，他也不會在十分鐘內真正完全穩定下來，但是**在做出選擇的同時，這個行為就是對他人的承諾**。而承諾就是要履行的責任，同時也是給自己一個台階，讓自己能夠緩衝前一刻的衝動。

所以關鍵在於，提供對方一個可以做出「選擇」的機會，這個選擇本身就是在重新界定自己的狀態，給出承諾（建立情緒界線）、製造台階。

那如果孩子對著你咆哮：「我都不要啦！走開啦！」、「滾開啦！」、「小孩子才做選擇，我都要啦！（？？？）」或甚至理都不理你，這時怎麼辦呢？當遇到這些狀況時，你或許可以參考後續的中斷法四和五。

在選擇法中，我們都認為孩子會傾向選擇休息，然而有許多老師觀察發現，不少孩子反而會回答：「我想要上課。」這背後或許是因為，孩子覺得自己有和別人不一樣的對待而感到不自在，或是不想要在全班面前顯得格格不入。

但是不管孩子做出哪一個選擇，其實就是在為自己的立場給出了一個方向。當孩子的回答是留在現場，既不要休息也不要離開時，那你也可以繼續用這選擇法，幫助孩子做出一個承諾，像是：

「你想要繼續上課，那你需要試著讓自己穩定到下課，需不需要幫忙？（需要還是不需要？）」

「你想要繼續上課，那等一下如果你的狀態影響到自己跟別人，你要舉手跟我說，還是要我提醒你？（學會求助，或是把之後老師的介入視為協助。）」

在家中也是一樣的，當孩子拖拉或是陷入情緒裡時，家長也可以試著給孩子一些選擇的空間，讓孩子試著透過自主的選擇，來管理自己的狀態：

「生氣就生氣，生氣是沒有問題的，你覺得你要多久才可以消化好？（準備好？）十分鐘？五分鐘？還是……」

中斷法三：提示法

大部分時候，孩子在激躁的狀況下，也會讓周邊的人受到影響而跟著躁動起來，於是大家各自陷入自己的躁動中，然後讓整體氛圍跟著浮動。

最常見的情況就是，孩子的躁動行為直接影響了老師或家長的情緒，然後情緒受到影響的大人，反過來加劇了原本的狀況。因此，如果能夠讓孩子的躁動不至於擴散蔓延影響到大人以及周遭其他人，這會是一個相當重要的步驟。

此時，若能給出一個「提示」讓孩子穩定下來，也能有所幫助。透過給出一個「提示」，讓孩子在躁動中可以找到一個方向；同時這個提示也是一種自我暗示，讓我們大人也能在心中騰出一些等待的空間，緩和當下躁動的氛圍。所以這不只是對孩子說的，其實也是對自己說的。

這個「提示」的精神就是：**「慢慢來，我等你。」**

「慢慢來，我等你」是我引用自余懷瑾老師的著作。余老師是一位我相當欣賞的企業講師，曾任教於高中，有非常豐富的教學帶班經驗。她同時也是一位作家，她的著作《慢慢來，我等你》，有興趣的讀者歡迎進一步閱讀參考。而以此精神延伸出的類似提示有：「教室中沒有不能解決的事情」、「任何當下的大事，到了明天都變成小事」等等。

不要小看這些「提示」的功能跟影響。「提示」除了應用在當下的情緒狀況之外，也可以做為班級經營或家庭文化的核心態度。因為這背後的底層邏輯是「價值觀的形塑」。由於人是一種相當容易被催眠的動物，因此當一句話聽久了、說久了，無形中就會內化成為你的價值觀，甚至你自己都沒有意識到這種影響，這些影響甚至會長達三、四十年之久。如果你不信的話，不妨請看完下面的文字後，快速在留白的空格中說出你直覺想到的反應：

「**最高品質**，＿＿＿＿＿＿＿＿。」

如果當你看到「最高品質」時，腦中想到的跟我一樣，都是「靜悄悄」

的話，你就會知道催眠的力量有多大了。這個我們小時候參加救國團營隊或夏令營的口號，沒想到過了二十年（？）後的今天，不只清楚記得，還能馬上脫口而出。但如果你看到「最高品質」之後，腦袋的反應是「什麼？」、「這啥？」或一片空白的讀者，這只說明一個事實：我跟你是不同世代的人了。

因此，善用提示法，除了讓當事人在情緒中可以有一個緩和的空間外，也能趁此建立班上的班級氣氛（或家庭氣氛），甚至進而成為孩子們的一種價值感跟認同感，這是相當有幫助的一件事情。

3-3

反應中斷法（二）：澄清、暗示、提醒

在前一節，我們介紹了「關切法」、「選擇法」以及「提示法」，其背後的邏輯都是一樣的：透過打斷「情境刺激行為」到「情緒」之間的反應連結，嘗試在不激化對立的情況下，讓原本的反應中斷，以降低暴衝或對立發生的機率。

而在這一節，我們將會依循同樣的邏輯，分享如圖3-5的其他反應中斷法。

澄清	你是在對我生氣？ （設定情緒界線）
暗示	我知道你不是刻意 （透過認知換位，減少情緒卡位）
提醒	你有更恰當的做法 （重新框架）

圖 3-5 反應中斷法二：澄清、提示、提醒

中斷法四：澄清法

情緒這種東西很奇妙，一旦處在情緒裡，我們很容易就會跨越個人界線，讓情緒蔓延到周圍其他人身上，這時就會讓他人也感受到壓力。

因此，當孩子處於激躁期時，如果能夠讓孩子暫時把情緒的堤防撐住，並且在短時間內不潰堤的話，他就不至於馬上跑到加速期。

最常見的方式，就是協助孩子劃定自己的情緒界線。

當孩子躁動甚至情緒衝擊到大人時，我們可以簡潔又直接地，淡淡地看著孩子，然後問他：「你現在是在對我生氣嗎？」在這句話底下，你會發現你其實是在問孩子：「你現在是把你自己的生氣，丟到我的身上嗎？」其中隱含著一個很重要的訊息，就是「**我跟你不同，你現在在情緒上，而且你讓我感覺到，你把你的情緒丟到我身上了。**」

通常使用「澄清法」詢問孩子時，我們會盡量做到**雙眼凝視、表情平淡、語調平和**三個原則。因為若能做到這三項原則，那麼在這樣的表達中，便可以減少互動時的情緒刺激量，避免與孩子造成更進一步的對立。再加上這個問題是封閉式問句，人只要一遇到封閉式問句，就會直覺的往問題預設的方向回答：「是」或「不是」。而這些回答本身就是一種對自己情緒的覺察，讓孩子意識到自己跨過界線應該要收斂了。

大部分孩子遇到大人問這個問題時，都會沉默或否認，這就是界線已經被默默地建立起來。

然而當孩子回答「是」或「對」時，該怎麼辦呢？遇到這種狀況，你可以再接著問他：「你為什麼可以對我生氣呢？」（**同樣語氣平緩**）讓孩子釐清自己的情緒根源。

當你這麼問的時候，就是讓孩子思考，他現在對你是不是無理取鬧？還是有充分理由？他要試著釐清引發自己情緒的責任歸屬。

有關「澄清法」的中斷方式，詳細的說明可以參考拙作《心理韌性》（親子天下），有更細緻的解說。

中斷法五：暗示（換位）法

「暗示（換位）法」指的是當對方在躁動的狀態時，很容易把每一個人的言語都解讀成對自己的責備或攻擊，所以就很容易特別「衝」。別人攻擊他，他也要反擊回去。因此這時若能在互動中給對方一個簡單的台階下，有些孩子就比較能夠順勢穩定一些，如此便達成了我們「反應中斷」或是「延遲反應」的目標。

最常給台階的回應，就是「我知道你不是故意的……」，這句話可以幫助孩子跳脫出他認為大人又在責備他的預想，同時也在話裡多了一些些被理解的感受，如此後面大人想要帶出的內容，就比較會被孩子聽進去。

而當我們對孩子說出這句話時，更重要的事情其實是，我們也在暗示自己：**試著用另一個角度來理解孩子行為背後的原因，而避免單純只認定對方**

是對立或暴衝。

這樣也會讓我們自己更加穩定一些，而當雙方都在衝突中找到一點點穩定的可能性時，局勢也就跟著有了改變的可能。

當導演、給劇本法

另一種暗示法，則是簡稱「當導演、給劇本」法。

當孩子處在強烈的情緒裡時，他人的命令或安撫有時候不僅無效，還會帶來反效果，也就是孩子會越刻意和大人唱反調。這時我們可以採取一個相反的邏輯：也就是基於過去對孩子情緒高張或對立的行為模式與觀察，在孩子快要爆炸前的加速期，我們比他早一步，先說出他等一下會出現的行為劇本。透過這樣預先告知的方式，讓孩子產生「要不要配合？該不該聽話？」的心理矛盾。

因為對孩子來說，如果按照大人給的劇本走（實際上是自己每次爆炸的行為模式），似乎自己順從了大人的話；但如果不按照大人的劇本走，這又不是孩子原本慣性的模式……當這種矛盾形成內在拉鋸時，有時反而會延緩情緒。

舉例來說，如果孩子遇到某些點就會卡住或是開始生悶氣，當大人沒來得及接住他的情緒時就會爆炸、丟東西、攻擊別人或是破壞物品時，我們也可以用這種「當導演、給劇本」法，來突顯孩子內部的心理矛盾，甚至同時發揮同理與暗示的作用。

以下只是示範說法，實務上我們可以依據孩子的特性、模式，以自己習慣的語言表達出來即可：

「你一定會很生氣的呀，你甚至會感覺很______（身體症狀或抱怨，比如頭痛）。因為你一方面想把事情做完、可是一方面又不想面對（同理孩子矛盾的心理）。但是你就是做不了決定，所以只能先生氣了。所以我跟你說，等一下你會一直生氣，越來越生氣。

接著你發現問題還是沒有解決，你就會想要攻擊（挑釁）——，然後繼續生氣，因為你知道這無法解決事情，只會讓衝突變嚴重。接著，差不多經過十分鐘到三十分鐘左右，你就會慢慢好一些，說不定會提前好，也可能會慢一點好，就跟之前一樣。

最後，你還是平復下來了，然後就可以面對了。你信不信，等一下就會發生我說的這些事情？」

透過上述例子的「當導演、給劇本」暗示法，我們一方面不帶責備的表達出理解，同時也預知了事情的演變，而這整個過程，也在幫助孩子對自己的情緒內涵（衝突來源）有所覺察。

中斷法六：提醒法

「提醒法」又稱為「正向指令」。很多人聽到「正向」可能就以為這是要我們很同理孩子、很貼近孩子等等，其實不是的。

「正向指令」，是相對於「負向指令」的概念。

「負向指令」很好理解，只要是以「不要……」、「不可以……」、「不准……」開頭的句子，通常都可能是負向指令，像是：

「不要說話。」

「不可以自己離開位置。」

「不准在上課時做自己的事情。」

「不要踩地上的水！」

「不要買品皓心理師的書。」等等，用禁止來中止對方的行動就是「負向指令」。

而「正向指令」就是直接給出目標行為，像是：

「現在注意看黑板。」

「坐在你的椅子上。」

「把數學課本打開到第……頁。」

「繞過那一攤水！」

你會發現比起「負向指令」，「正向指令」的方向性明確多了，也比較易於理解和配合。

我們在多年的實務經驗中發現，不管在家中或是教室裡，當孩子躁動時，通常負向指令是比較沒有效的，甚至有時候會引發更高的衝突，因為孩子在高張的情緒下聽到「不要……」、「不可以……」的指令時，會有一種被限制、被否定，以及被控制的感覺，這對情緒已經不穩定的孩子來說，無異是另一個引爆點。因此，這時候如果能採用「正向指令」，或許效果會好一點點。

比如，用「你應該有更恰當的做法……」取代「你不要………」，因為「你應該有更恰當的做法」這一句話不具備有命令的口吻，既降低了對話中的壓力，同時又給出一個孩子選擇的空間，暗示孩子有機會可以切換自己的行為，做出更適當的決定。類似的例子包括：

「我相信你有更好的做法，像現在我們應該做的是……」
「以你對自己控制力的表現跟能力，我相信你現在能夠……」
「以你的表現跟成熟度來說，……對你不是難事。」
「我們上次的約定是怎麼說的呢？是不是像現在的情況，我們應該……」

透過上述例句，讀者可以發現我使用「正向指令」的方式，不是只給出直接的指令，因為如果單純的只給出指令，有時候不見得對問題有幫助。你可以想想看，當孩子已經處在比較躁動的狀態，這時候你已經知道要避免使用「不可以……」、「不准……」、「不要……」的負向指令，但是若只單純使用正向指令時，就會像是：
「把課本拿出來。」
「眼睛看前面，專心上課。」
「我叫你安靜。」

這些句子好像還是會讓氣氛相當緊張，所以單純地使用正向指令，有時候在孩子躁動的情況下幫助有限，但如果我們能將「正向指令」的語氣或姿態，修飾的柔和一些，就有可能降低或延緩衝突或爆炸的可能。

3-4 反應中斷法（三）：轉移、漸進、負增強

在前一節我們介紹了「澄清法」、「暗示法」以及「提醒法」，在這一節，我們會再分享其他的反應中斷法，如圖3-6。

中斷法七：轉移法

在介紹轉移法之前，我想先邀請你做一個算術練習，題目不難，你只需要正常發揮注意力，仔細閱讀就好。並請在專心讀完題目之後，快速計算我所出的題目，看看你的注意力好不好。

轉移	注意力轉移 （轉換空間，提供任務）
漸進	腳在門檻效應 （逐步小忙到大忙）
負增強	冷眼平淡

圖 3-6 反應中斷法三：轉移、漸進、負增強

閱讀題目時請仔細，並且只能閱讀一次，過程中不可以用紙筆記錄，作答時不可再回頭閱讀。

題目

有一天你開著公車，往終點站的方向前進，車上總共有八位乘客。

到了第一站之後，有五個人**下**車，四個人**上**車；車子繼續往前開，等公車到了第二個站牌後，有三個人**下**車，五個人**上**車；車子繼續往前開，到了第三站，有六個人**下**車，三個人**上**車。

請直接往下迅速作答且不能回看題目，請問你：

「這時候公車上不算公車司機的話，總共有幾位乘客？」

如果你剛剛閱讀得很專心，你應該會知道，此時公車上的乘客應該有**六位**。

如果你答對了，恭喜你，代表你剛剛真的有注意，而且效果非常好。接著，請你繼續回答我接下來的問題，先不要回頭看題目。

請問你：「公車司機幾歲？」（請仔細回想，但不要直接看題目。）

仔細回想一下，公車司機幾歲？如果你絞盡腦汁仍然無法記得題目中的訊息，現在請回頭看看原本的題目，你應該就會知道公車司機幾歲了？

看到這裡，你有沒有發現人的注意力真是非常奇妙的一種狀態，很容易受到環境干擾，同時也會受到自己的影響，當你只專注在計算人數時，你很容易就會忽略了其他訊息。

同樣的道理，當你一直把焦點放在讓你不爽的人、事、物時，你當然不太可能在那個狀況中冷靜下來，但是一旦你把注意力從這些事情中移開一些，過一會兒之後，你會發現自己不像剛剛那麼生氣或激動了。所以有時候當外在的事情無法改變或解決時，轉移自己的注意力，或許也是一種暫時解決的方法。

透過這個小活動讓我們體會了注意力的特性後，現在再回到孩子躁動的情境中，相信你應該知道可以怎麼應用了吧？

「我知道了！品皓，你的意思是不是說，當小朋友進入躁動期的時候，我們可以藉由轉移他的注意力來延緩情緒呢？」

「對的！太棒了！你會怎麼做呢？」

「就如法炮製呀！當小朋友在躁動期，我就會走過去問他：『有一天你開著公車，往終點站的方向前進，車上總共有八位乘客，到了第一站之後……』……」

「……你是不是誤會了些什麼？」

其實你只需要掌握「注意力可以被轉移」的原則，善用環境中暫時可以利用的資源，先試著轉移看看孩子的注意力就好。像是邀請孩子幫忙把黑板擦乾淨、幫忙收齊同一排的考試卷等等，都是可以參考的方法。

中斷法八：漸進法（腳在門檻效應）

分享腳在門檻效應之前，我想先跟大家說個故事。

幾年前，我有一位朋友和我分享了他的一個奇妙經歷。

某個週末，他在台北車站附近閒逛，晃到台北車站的某個出口時，有一個大學生模樣的年輕人走到他旁邊，很熱情又親切的和他說：「同學你好！我是某某大學大四的學生，這是我的學生證（從口袋拿出一個卡片晃了一下）。我今年就要畢業了，現在在準備畢業展，我的指導老師發起一個活動，要我們在準備畢展的過程中，同時來收集市民的祝福，很簡單，只要幫我們加油就好，所以可以請你幫我加加油嗎？」

「喔！是喔，可以呀，那……加油！」（我朋友心想這任務雖然怪異，但也沒什麼大問題。）

「謝謝，你真是好人耶！好有愛心！」年輕人露出燦爛的笑容，笑臉盈盈地看著我朋友，接著說：「像你這樣的好人真是不多了，啊！我想到一件事情……」

一邊說著，年輕人的手一邊伸進自己的包包中：「這次配合畢業展，我自己還另外設計了一款萬用的手製小包包，可以裝零錢、當作鉛筆盒或是收納之類的。像你這麼好心的人，不知道你願不願幫助我們，當作支持我們的展覽，也給年輕人一點鼓勵！」

「喔！手製的嗎？嗯，多少錢一個？」（我朋友一邊打量眼前這不起眼的小包包，一邊好奇地詢問。）

「手作包因為是我純手工縫製的，一個包包都要花上好多時間，同款式在專櫃是破千的，但因為我只是學生，當然不能跟外面的比，所以一個只要兩百五十元就好。」

「兩百五十元呀……」我朋友看著眼前不到幾寸的小包包，心想：「這真的不便宜，但如果專櫃的要賣上千元，那相比之下似乎還是划算一些，而且還是手工製的。剛剛都已經幫對方加油了，這時候拒絕他不就有點丟臉，乾脆就好人做到底吧，反正也才差不多一兩餐的飯錢，沒太大損失……」

「你看，這就是那個手工萬用包。」朋友把手中的包包遞給我，我煞有其事的端詳了一會兒。

「該怎麼說呢……」我抿了抿嘴，再次認真看了看眼前這個由兩片布縫在一起，所謂包包的東西。

「如果『極簡』跟『節儉』是藝術呈現的一種形式，你這個包包已經到了極致的境界。它毫不造作的展現了自己的單薄，這種粗獷又直率的態度，本身可能就是一種藝術。」

我朋友看看我，再看看我手中那個他用兩百五十元買的手工包包。

「不就是爛嘛，你們心理師都這樣說話？」

「心理師是幫助當事人看到自己內心的狀態，而不是直接給出答案。」

「所以，『爛』是你心裡的想法，我只是幫助你把它說出來。」我追加了這句話。

有關於包包的故事，我們就說到這。

重點在於，朋友從幫忙加油到掏錢購物的行為，這過程中的每一步，其實都是心理學精心設計下的結果。

現在，請容我幫你拆解這背後的原理，以便我們可以拿來運用。

我想大家看完故事後，都知道這是一樁假行善、真倒貨的案例，大學生的目標就是要賣包包給我朋友，但是，他是怎麼成功的呢？

大學生應該很清楚，如果他直接向任何一個路人推銷包包，被拒絕的機會非常大，因為在沒有任何互動和關係下，拒絕一個陌生人的推銷並不會讓人感到有壓力或為難。因此，大學生換了一個策略：先讓你做出一個簡單又不容拒絕的助人行為，再漸進式的引發更多的助人行為；同時在過程當中，偷偷置換了行為的意義。

這段話有兩個重要的意義，一個是漸進式的行為引導，一個是置換行為的意義：

1. 漸進式的行為引導

對於完全沒有動機的人來說，當你先給他一個非常簡單，完全不費力，甚至只是舉手之勞的任務時，大多數的人基本上都不會拒絕，因為這個任務幾乎不會為他帶來任何損失或責任。

而當他完成第一個任務後，這整個系統就開始有了一些微微的改變。他可能因為自己完成了一個任務，而出現「這不難」的感受，或因此得到某些回饋或肯定，也可能滿足於自己有能力的形象。就像是在我朋友的案例中，他一開始被邀請做的事情非常簡單又沒有任何損失，就是「張開嘴巴，利用聲帶的震動與鼻腔的共鳴，發出『加油』二字的聲音。」

在他的毫不費力下，既幫助了人，又額外得到「你真是好人」的回饋，這無異於是一種靈魂的提升，精神的滿足。

於是，為了持續這種靈魂與精神的滿足，他對於下一個任務的接受度就會再提高一些，直到達成我們的目標行為（購物）為止。

2. 置換行為的意義

在這個漸進式的過程中，除了由簡單一步步到複雜的行為引導外，還有另一件事情也在悄悄發生，那就是「行為的意義被置換了」。

如果讀者們注意看前文的故事，你會發現掏錢買包包，本質上就只是一個消費購物的行為，但是對我朋友來說，在他買下包包的那一刻之前，這個動作就已經不再只是一個購物消費的行為，而是一個「幫助別人」的行為，只是是用購物的行為幫助他人。

這是怎麼發生的呢？

從對方一開始肯定我朋友是個善良又熱心的人開始，就已經把「熱心助人」的帽子偷偷戴在朋友頭上。在後續對話的過程中，對方也在言語中不斷暗示「幫助」年輕人、給年輕人一點「鼓勵」等等，這些暗示在無形中把「買包包」從購物的世俗層次，轉換成幫助他人的靈魂高度。於是當我朋友掏出錢的那一刻，他用來說服自己的理由是：「好人就做到底，幫助他也無妨」。

這就是行為意義的置換。

這些，都是「腳在門檻效應」的應用。現在你應該知道腳在門檻效應的具體意思了，它的原意「腳在門檻」其實也很好理解。當你去拜訪一個不歡迎你的客戶時，對方一開門看到是你，就想把門關上，這時你也不急著先進門，就只需要先踏出一隻腳卡在門縫上，對方這時也不好意思直接關上門，怕弄傷了你的腳，於是趁著門已經開到一半但又沒關上的狀態，你就有機會進一步和對方互動。所以關鍵在於先踏出那一隻腳，開啟後面溝通的機會。

抓住了「腳在門檻效應」的本質，實務上就可以有很多應用的策略。原則就是由簡單到複雜，也可以試著置換行為的意義。

比如，當孩子開始有點躁動時，有些老師會用注意力轉移的方法，讓孩子先做一些很簡單就能輕易辦到的事情（同時也降低被孩子拒絕的機會），像是幫忙收作業、幫忙發講義，甚至只是幫忙把教具做簡單的整理等等。而當孩子完成之後，老師會回饋孩子這份「願意」的態度，或是「助人」的善意；接著再給出更難一點的任務，像是把心情不好的原因持續寫下來或畫出來（注意力從原本的事件中抽離，同時又能反應或記錄自己情緒），留待下課、午休或老師有空時來處理。

有關於「腳在門檻效應」的應用，隨著不同學校文化、班級氛圍、個人價值觀與孩子的特性，會有很多不同的做法跟彈性，然而我們抓住這個原理的本質與底層邏輯，就有機會發展出各式各樣的變化與做法。

中斷法九：「負增強」

有關「負增強」的反應中斷法，嚴格來說不是一個獨立的方法，而是我們在使用前面各種中斷法時，所秉持的基本態度。也就是說不管你用哪一個方法，我們都盡量保持**雙眼凝視**、**表情平淡**、**語調平和的原則**。

如果你對於負增強的概念有所疑惑，建議可以先回到本書第二單元第二節「當孩子進入導火線期（一）」，閱讀關於負增強的說明。

之所以建議各位讀者，面對孩子情緒暴走或對立的狀態時，使用負增強的狀態（也就是表情盡量平淡，不以憤怒或狂罵的姿態出現），是因為在面對衝突或對立的初期，表情平淡的狀態能夠減少其他不必要的情緒刺激，也能讓孩子比較聚焦在你所要表達的內容上，而不用在壓力下，持續承擔太多情緒的刺激。刺激往往會帶來更多負荷，讓情緒處在更紛亂的狀態。

在這一單元，我們和大家分享了各種反應中斷法的方法、原理以及應用的案例，但這些原則仍然需要顧及到每一個孩子的狀態、特質，以及臨床上的議題。請千萬避免僅是一昧地在形式上使用技巧，而忽略了孩子的狀態或議題，一旦如此，通常無法真正有效的解決問題。

PART 4

暴衝現場怎麼辦？

GAME

4-1

處在加速期與高峰期時，可以……

在前幾個單元，我們依據情緒階層的不同階段，分別介紹了介入的方法、思考的方向，以及判斷的原則，儘管這些有助於我們面對衝突與對立的情境，不過我仍要再次鄭重強調：「最核心的關鍵，仍然在於理解孩子這些行為與現象背後的原因。」

因為一個孩子會出現對立、情緒暴走的反應，往往不是他刻意選擇如此，而是他遇到了無法克服的難關：可能來自於生理上的特質、環境中的困難，或個人自身的議題，甚至是三者彼此交互影響下的結果，複雜又盤根錯節。理解這些困難的本質，以及它們彼此之間如何交錯影響，不管對孩子、對我們來說，都是尤其重要的事情。一味著重在解決行為層次的問題，只會讓我們更遠離了事情的真相。

在介紹了前幾節不同階段的介入方法後，這一節我們將針對加速期與高峰期介紹，如圖4-1。

之所以把這兩個階段放在一起，是因為在這兩個階段，孩子的情緒已經非常難降溫了，因此我們的處遇原則是**避免事態擴大，減少情緒波及的範圍**，才能在事後的處理單純一些，而不致於讓事態複雜化。

舉例來說，當孩子在班上情緒爆炸了，如果這時候透過適當的介入，孩子的情緒爆炸歸爆炸，但是爆炸波及的範圍有限，沒有人受到直接的波及

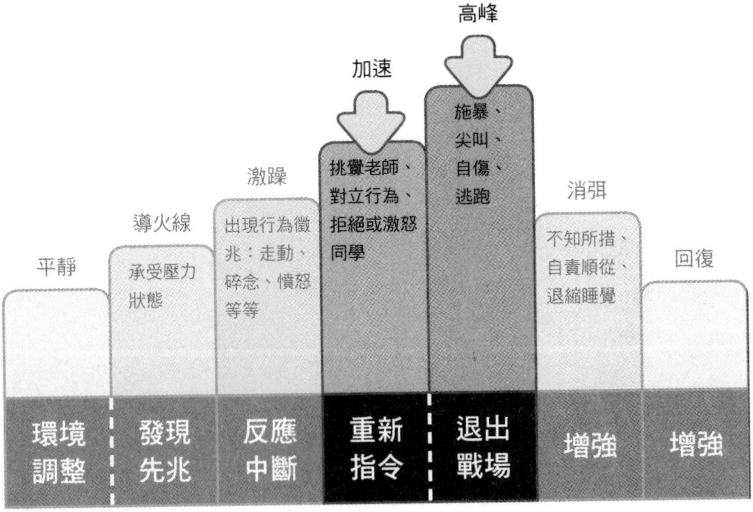

圖4-1 當情緒進入加速與高峰期

（被攻擊），也沒有人受傷，那在事件過去後的處理就會相對單純。相反的，如果有人因此而受傷，那麼需要處理的就不再只有事件了，將會牽涉到更為複雜的層面。

加速期

當孩子進入加速期，通常會出現很明顯的挑釁、對立，甚至激怒對方的行為。這時候，孩子已經深深陷入自己的情緒裡，可能下一步馬上就要到高峰期了，這時很難再透過溝通的方式和孩子進行對話，因為孩子往往也聽不太進去。

所以在這個當下，最直接的做法就是「重新指令」，也就是**給予孩子任何可以提示的視覺或聽覺刺激，然後阻止事態進一步的發展**。

這包含視覺上擺出暫停或停止的手勢，聽覺上下達簡短明確的口令：「停下來！」、「停在這！」、「停止！」

高峰期

在高峰（爆炸）期，孩子出現的行為大多是施暴、尖叫、自傷或逃跑，不管是哪一個反應，都暗藏著安全上的疑慮跟風險。

因此當孩子開始出現攻擊、自傷時，我們最優先的做法就是確保沒有人因此受傷。如果在學校，當孩子跑出教室時，基於安全問題，跟隨追蹤或是請求處室支援是常見的方法。

只要記得一個大原則：「沒有人受傷，這就是最好的結果。」

而當孩子出現以下幾種行為時，我們則可以參考基本的介入原則。

施暴

當孩子出現攻擊行為，不管是攻擊自己或攻擊他人時，最優先的目標就是制止這樣的行為繼續下去。當孩子開始出現明確的攻擊行為時，不管用任何方法，阻擋、架開當事人，避免進一步的行動是最優先的選擇。

但是在當事人出現攻擊行為前，我們其實很難判斷他的意圖，因此這有賴於行為觀察、資料蒐集、家訪聯繫等等的前端資訊，幫助我們建立對孩子的某種理解跟預測。當然，就算事前做了再多的準備，施暴的行為仍然會發生，這並不是準備度夠不夠的問題，而是要完全的控制或掌控環境，本來就是不可能的事情。

所以我個人的建議仍然是，**在攻擊發生的當下，我們只要做到「沒有人受傷，這就是最好的結果」**。事後再釐清事件發生的因果，從中找到更多理解孩子的面向與爆炸點，也有助於預防或減緩下一次爆炸的可能。

通常施暴也涉及行為層次的問題，因此如果導師與學務系統能有良好的溝通，這時候也能協請學務處的夥伴幫忙後續的行為管理。

當孩子自傷時

在高度激烈的情緒下，自傷有時候是一種透過傷害自己來緩解情緒、報復他人，或是同時存在的行動。經由像是搥打牆壁、撞擊物品、利器劃傷皮膚等等的方式，本質上都是利用物理性的疼痛來舒緩心理上的痛苦。因為心中的情緒實在是太滿、太高張了，是一種無法用語言訴說的狀態，同時也是一種語言無法乘載的張力，唯有透過高強度的行動讓情緒外溢，才可能得到稍稍的緩解。

因此像是這類的自傷，大部分本質上仍舊是情緒的問題，看清楚這一點之後，再回過頭來看待孩子的自傷時，我們的重點就會優先放在情緒的議題，而不是強調自傷的避免。如果當事人的情緒議題能夠得到適當的幫助，就會降低自傷的機率；反之，若我們一味的放在如何預防自傷的發生，而忽略了情緒議題，那就是本末倒置。

有關孩子自我傷害的議題，這是很多家長老師同感憂心的現象。為了讓讀者對自我傷害的議題有更深入的理解，我特別在下一節「非自殺性的自傷行為」中詳細說明。

當孩子逃跑時

在校園中，有不少孩子在情緒下會奪門而出，甚至跑出學校，跑到校園裡躲起來等等，這些行為雖然沒有立即上的危險，卻也會出現很多潛在風險，因此也是我們會力求避免的狀況。

當孩子跑出教室時，其實本質上，他就是在減低原本引發情緒的環境刺激（某個人、某個事件或某個空間）。因此，儘管跑出去不妥，但有時候反而降低了環境刺激的持續干擾，有利於孩子的情緒平復以及溝通的機會。

但是當孩子跑出去時，該怎麼辦呢？在校方有支援人力的情況下，能夠協助幫忙管理是最好的，以下幾個策略可以協助我們和孩子一起面對：

1. 三對一好

在面對孩子情緒高張的情況下，「三對一好」是最簡單易懂又好運用的溝通中斷法，有關「三對一好」的溝通原則，簡單來說，就是**透過同理式的探問，讓對方的情緒得以被承接，而增加雙方合作的機會**。

什麼意思呢？

比如，當孩子因為和其他人鬧翻跑出教室，把自己反鎖在廁所裡不開門也不進班，或是躲在校園的某個偏僻角落時，我們可以透過「三對一好」的溝通原則，緩和孩子的情緒，引導合作。

「三對一好」用一句話來說，就是如果你有辦法讓一個人連續說出幾個「對」之後，再說出一個「好」，那麼他允諾要做出行為改變的這一個「好」，會比起你直接要求他改變，前者承諾「好」的機會更高。

所以有沒有辦法在溝通當中讓對方說出「對」，就是很核心的關鍵。而一個人什麼時候會自然的說出「對」呢？最可能的狀態就是當他被看見、被聽見，以及被理解的狀態下。

因此「三對一好」背後的邏輯是先看見對方的狀態、承接對方的情緒，再進而共同找出改善或改變的可能，本質上就是同理。

有關於「三對一好」的溝通策略，可以參考拙作《心理韌性》一書，會有更詳盡與具體的說明。

2. 彈性運用反應中斷法

除了「三對一好」，我們還可以參考前一單元分享的反應中斷法，以做出彈性的選擇、多次的運用。舉例來說，像是任選「關切」、「選擇」、「暗示」，三種反應中斷法的應用就會如下：

老師：「某某，你覺得我現在可以怎麼幫你，讓狀況好一點？」（**關切**）

學生：「我不知道。」

老師：「我有幾個選擇，你可以參考看看，看哪一個會讓事情好一點。

你可以選擇把事情解決、也可以選擇繼續生氣，或是選擇暫時休息一下，你覺得暫時休息一下如何？」（**選擇❶**）

學生：「隨便。」

老師：「那我就幫你選擇暫時休息唷，不過你覺得休息三分鐘、五分鐘還是十分鐘好？」

學生：「都可以。」

老師：「那就三分鐘吧。」

學生：「不要。」

老師：「好吧，我相信你也很想試著把事情做好，剛剛班上的狀況也不是你想要的結果，但你的確需要緩和一下，那我們選十分鐘如何？」（**暗示＋選擇❷**）

學生：「隨便，都可以……（或許還在僵持，也或許開始猶豫）」

老師：「好，不過在你休息的期間，我也要請你幫我一個忙，我要能夠隨時看到你，確認你是安全的，我才會比較放心，所以你想要待在位置上，

還是先待在冷靜區（如果有的話），或是教室裡你覺得比較可以放鬆的地方？」（**選擇❸**）

學生：「我要去輔導室。」（從三級輔導的觀點來說，這雖然不是我們最理想的目標，但在當下仍然是可以接受的。）

老師：「嗯，那我們先確認你的輔導老師現在方不方便，如果他不方便的話，剛剛我們說的那幾個點，你覺得哪一個點是比較好的選擇？（在提供選擇前，同時也先打預防針，也暗示別人也會有自己的界限和空間。）」（**選擇❹**）

在反應中斷法中，每一個方法都可以彈性使用，且無限使用，只要我們記得目標就好。

3. 善用借力使力法

有些孩子對於自己的導師或是家中大人，相當直接又抗拒，在情緒中幾乎不聽使喚，只會一股腦衝出教室或是衝動行事。有時候孩子的力道之大，可能連大人都難以制止，以至於在拉扯中受到無端波及甚至受傷，讓事情變得更加複雜。

面對這樣束手無策的狀況，導師與家長也相當難為，不過如果我們仔細觀察孩子的生活細節，有時候也會發現其他可以善加運用的機會。

比如，有些孩子面對某些性別或特徵的師長時，會相對比較克制。這些人或許不是孩子的導師，可能是科任教師或是別班導師，但我們會觀察到當這些人出現時，總是能夠讓爆炸的孩子變得比較冷靜。這些人就相當適合成為我們一起協力的夥伴，在條件允許下提供協助，讓孩子的暴衝狀況先獲得一定程度的緩和。

通常這些師長跟孩子不見得熟識，甚至可能彼此不認識，但基於某些我們也不知道的原因，孩子就是會在符合某些特徵的師長前較能夠克制自己。因此在合作時，提供協力的師長並不一定要特別做些什麼，有時候就只是站在教室外看著孩子，都可能讓孩子暴衝的狀態緩解下來，或降低跑出教室的機率。

4. 善用行為經濟學

有些孩子在衝動下會跑出教室，是因為當下他已經失去冷靜判斷的能力。所以除了上述幾個方法外，我們也可以在孩子平靜時預先介入，降低孩子跑出教室的機率。這裡我們要引用行為經濟學的理論，來幫助我們對人性更加理解，以協助解決孩子暴衝的問題。

有關行為經濟學的介入策略，我們將會在後續詳細說明，請讀者可以逕行參考。

當孩子因為情緒問題跑出教室時，我們要記得這在本質上仍然是情緒問題，所以如果在有限的條件下，讓孩子回到教室或待在有大人的地方是優先的選擇，可以避免事態進一步惡化，或是肇生不必要的危安風險。而引發孩子情緒行為的原因或事件，可以留待後續再處理。

4-2

孩子出現自傷行為怎麼辦？

如果孩子長期出現自傷行為時，大人該怎麼辦呢？

孩子如果出現長期的自傷行為，像是用利刃割劃手臂、大腿內側等等，實在很難令人不擔心。如果在醫院就診，通常也很難有效處理孩子的自傷行為，因為沒有什麼藥物是可以直接降低自傷行為的。

在多年的臨床經驗基礎下，當遇到孩子在高年級或是青春期，出現自我傷害的行為時，我有幾個觀念想要先跟讀者澄清，希望我們能夠先理解之後，再重新看待孩子的自我傷害行為。

孩子為什麼會自我傷害？

在從事臨床工作的十多年經驗中，我發現近幾年來，校園中因為自我傷害而轉介輔導處的案例，比起早年似乎有略為升高的趨勢。而在和團隊夥伴與老師合作的過程中，我們也發現造成孩子自我傷害的原因，實在是多元又複雜，方方面面各種面向都有。從家庭功能、教養形式、親子互動、人格特質，再到環境中的各種因素：班級氛圍、人際互動、關係議題、課業壓力到師生關係等，幾乎任何一個環節都可能與孩子的自我傷害有關。所以這不是只歸咎單一原因就能解釋。重點在於，我們怎麼理解自我傷害這件事情。

非自殺性的自傷行為

非自殺性的自傷行為（NSSI，Non-suicidal self-inflicted Injury），是一個我們可以理解自我傷害的角度。

相信大家一開始看到「非自殺性自我傷害」這個名詞的時候，腦袋應該有點打結。你可能會好奇「為什麼自我傷害不是自殺？」、「自我傷害就是自殺呀」、「自殺跟自傷難道不一樣嗎？」

自傷跟自殺究竟一不一樣？這就是我想跟你討論的一個角度。

所謂的自殺，我想大家都懂，就是個人有意識的企圖傷害自己的身體，以達到結束自己的生命之行為，所以「結束生命」就是自殺的終點與目的。然而在許多精神醫療的領域研究發現，自我傷害是一種和自殺在本質上不太一樣的現象，如果要嚴格定義，所謂非自殺性的自我傷害，指的是當事人刻意用某種方式，像是用割、切、撞擊、燒燙、穿刺等等的方式，造成自己身體上的傷害，但他的目的並不再於造成不可逆的死亡。

所以，非自殺性自我傷害的目的不在於終結生命，那麼，它的目的又是什麼呢？

我們要先瞭解一件事情，當一個人在自我傷害時，他的大腦會在身體受到傷害時自動啟動一種「疼痛抵銷釋放（Pain offset relief）」的機制，好讓身體暫時不處在強烈的痛苦中。而在大腦的構造裡，負責處理生理和心理的感覺區域經常是彼此重疊的，所以大腦有時候並不能很清楚或完整的區分，受傷的感覺究竟是從生理或心理哪裡出現的？於是，當孩子傷害自己後，在生理疼痛消除緩解的過程中，因為大腦啟動了疼痛抵銷釋放的機制，連帶讓孩子出現一種情緒上的痛也跟著釋放的感受，於是原本心裡的負面情緒也就跟著消散了。

這整串話實際上是什麼意思呢？

簡單來說，就是當我現在感覺心情很不舒服，心裡很痛苦的時候，我基於某些原因；可能是模仿同學、情緒直接反應、看電視看小說學來的等等，我就拿起利器割劃自己的手臂。割劃引發身體的疼痛，但隨著身體的疼痛逐漸消退後，我發現我原本心情很痛苦的狀態也跟著消失了；再加上當我割劃手臂時，還會引來同學或家長的關心，這就讓我很快學會一件事情：當我下次心情很痛苦，很難受到我自己都無法控制時，只要再割劃一下，我就會重新獲得某種平靜，得到某種能控制的滿足感。

所以看到這，我們會發現一件事情：**孩子或青少年的自我傷害行為，通常是反應出一個更核心也本質的問題——情緒困難。**

孩子是透過這種非自殺性的自我傷害方式，來獲得對情緒的某種控制感

（因為我透過一些物理上的方法傷害自己，停止或暫停了無法處理的情緒），並進一步停止這些情緒的擴散或蔓延。

另一方面，自我傷害時還能得到他人的關注，或是意外得到一些人際關係中的特權。比如，孩子因此在關係中得到比較多的包容，別人也比較願意聽他說話等等，這時候也會加重自我傷害的發生機率。大部分研究發現，當孩子出現NSSI行為時，如果能有心理專業人員的協助與介入，將有效緩解或降低NSSI出現的頻率。

但是各位讀者必須注意的是，雖然我們在此把自殺與非自殺性自我傷害的概念區分開來，並且以自殺意圖的有無，作為一個本質上的區隔，但這不代表它們彼此毫無關係。事實上，自殺與NSSI的關係是相當錯綜複雜的，不少研究調查發現，有自我傷害行為的人，出現自殺的機率仍然比一般人高，這代表我們必須相當嚴肅看待每一個NSSI的事件。

4-3

走過情緒風暴後……

我們在這單元的第一節提過，當孩子在暴衝時若出現逃跑、攻擊等行為，當下最優先的目標是降低傷害，避免無謂的糾紛。

而當孩子進入回復期或處於平靜期時，我們又有什麼策略可以幫助孩子，讓他面對下一次的情緒風暴時，能稍微理智一些呢？

市面上有許多從溝通面向介入的書籍，多半會強調要先貼近孩子的狀態，從孩子的角度跟觀點理解事情，如此就比較能同理孩子的情緒，進而理解孩子反應背後的整體脈絡；並在過程中體會到孩子的限制，也看到孩子的努力，以及背後正向的企圖。這些都是我在實務上相當認同的態度，因為在大多數陷入情緒漩渦的時刻，如果我們的困境能夠被溫柔的看見，感受能被穩穩的承接時，內心那股波濤洶湧的大浪，也才能得以緩緩的平靜下來。

另一方面，除了溝通同理的面向以外，我也想要在這一節跟讀者們分享另一個角度：也就是從行為經濟學的觀點來看看，我們是否能夠多一個可供參考的選擇，並且和溝通同理、正向管教的精神並用，協助孩子增加對於自己行為的控制。

行為經濟學的教養啟發

什麼是行為經濟學？

如果你查一下維基百科會發現「行為經濟學」的定義大致如下：「行為經濟學」是經濟學的一個分支，受到心理學與認知科學的影響，探討社會、認知與情感的因素，與個人及團體形成經濟決策的背後原因，並從而瞭解市場經濟運作與公共選擇的方式，是一門專門研究。

我試著用比較白話的方式做個簡單的結論，那就是：**人怎麼做決策，基本上遠比我們想像的還要複雜**。

因為人的思考、心理、特質形形色色，在面對各種決定以及和財務有關的決策時，不會只有單純理性的思考層次，而是受到更多複雜因素的影響。

所以在行為經濟學多年來的研究下，我們對於人的決策行為有了更多豐富的理解。現在，我們就要來分享一個人們行動時，普遍會有的思考特色，看看它有沒有辦法幫助我們，協助孩子處理情緒對立或暴衝的問題。

在進一步分享之前，我想要邀請你和我一起做個簡單測驗。我會提供你幾個生活中常見的狀況題，請看看你會怎麼選擇？

狀況一：繼續看或離場？

假設某一天你獨自去看了一場電影，這電影是朋友推薦你去看的，你買了一張三百六十元的電影票進場，準備好好享受一個半小時。

就在電影放映後沒有多久，你越看心中有一個感覺越來越強烈：「這部電影有夠難看！」不僅卡司不怎麼樣、主角演技很出戲、劇情沉悶又老套，

「用難看來形容它，真的算很客氣了！」

更慘的是，電影只開播十分鐘而已，後面還有整整八十分鐘左右的長度。面對電影開播十分鐘卻發現「劇情不好看，時間還很長，票根不能退」的情況下，你會怎麼辦呢？

A 直接起身離開電影院，去做別的事

B 努力忍耐看到最後，看看是否有轉機

C 在電影院裡拿出手機看別的電影

哪一個會是你的典型選擇呢？

狀況二：賣，不賣？

這幾年雖然全世界的整體經濟不太好，但國內整體景氣還不錯，假設你將定存幾年的一百萬新台幣全部領出來，轉而聽了朋友的建議投入股市，買了其中一支「潛力飆股」。果不其然，短短幾個月的時間內，這支飆股一路勢如破竹的狂飆，整整飆出了**六十%**的幅度。

但是方向錯了，它是向「下」飆。

嚴格來說朋友的確沒錯，它很會飆，它往不斷破底的方向飆。於是當你回過神來時，原本一百萬元買的股票，現在只剩下四十萬元的價值。眼看這支股票隨時有可能再飆出新紀錄，也可能就地躺平，這時面對前景不明，帳面虧損六十萬的情況下，以下哪一個會是你的選擇呢？

A 直接掛單賣出，接受六十萬元的損失，然後用剩下四十萬投資其他標的

B 不賣，堅持做時間的朋友，期待以後回漲再賣

C 看破一切俗世紅塵，選擇出家自我修練

哪一個會是你的典型選擇呢？

我在演講中用同樣的問題問過很多聽眾朋友，大部分夥伴在狀況一與狀況二的答案分別都是：「B」。

不管是在狀況一中選擇看完電影，或是狀況二中選擇不賣股票，本質上

我們的選擇都是「**留在現場**」。

為什麼呢？

你為什麼不選擇離開電影院，去做別的事情更有意義？你為什麼不選擇把股票賣掉，拿到四十萬去做其他投資？為什麼大多數的人都選擇不改變，繼續留在現場呢？

道理都是一樣的，你不妨自己仔細回想看看。在狀況二的情況下，你或許也知道這支股票如果再「**飆**」下去，哪天你跟這支股票的關係可能就只剩下回憶了（因為它或許就下市了）。理智上，你知道賣掉股票換回現金才是更務實的做法；但是情感上，要賣出的當下，你卻會陷入一個糾結：「**先不說我可以拿回四十萬，一旦賣出，我要面對的就是『損失』六十萬呀！**」

這樣的心情會讓我們在面對賣出的選擇時，變得謹慎而保守，這背後的原因道出了一個人性的特點：**沉沒成本**。

影響你我決定的沉沒成本

所謂的沉沒成本，指的是人在做決定時，會受到過去已投入且不可回收的成本影響（像是錢、時間、心力等等）。其背後的原因是，**人性其實很痛恨損失，當損失越大越具體，越會影響人們決策。所以比起獲利得到的喜悅，有時候面臨損失的痛苦所帶來的衝擊，在心理上的刺激可能更大。**

事實上，暢銷書《快思慢想》（*Thinking, Fast and Slow*）的作者，同時也是二〇〇二年諾貝爾獎的得主，這一位美國普林斯頓大學教授丹尼爾・康納曼（Daniel Kahneman）曾在他的研究中指出這項人性特色：「大部分的人，當我們面臨一樣金額的獲利或損失（虧損）時，往往面對損失而產生的痛苦感覺，會遠遠大於獲利時的快樂感受。不少研究發現，人們『贏』的金額必須比『輸』的金額高出一倍，才能平衡承擔風險的心理，也就是說，失去的痛苦感覺，會是獲利的快樂感覺的兩倍之大。」

因此，比起獲利或好處，人們在面對自己的「損失」時會更有感覺。

也因此，這份損失會影響到我們的決策與行動。而這個討厭損失的特性，就成為我們平時面對孩子出現對立行為、反抗以及暴衝攻擊時，可以介入的一個原則。

不過具體來說，應該怎麼進行呢？我們可以從一個簡單的公式開始：

「你的損失，我很擔心。」

詳細的例子跟說明，將在下一節和大家分享。

4-4

幫助孩子建立「踩煞車」的能力

我和許多情緒一來就暴衝的孩子合作過，孩子們不管是高興還是生氣，一旦情緒起來都很容易失控。有的孩子甚至只是玩遊戲，像是玩「鬼抓人」都會失控，常常一玩到激動處，「鬼抓人」瞬間就變成「鬼打人」或是「鬼咬人」，當然咬人或打人往往就是孩子激動下的反應。

情緒一激動就很容易出現越界或犯規的狀況，就算孩子平時再怎麼答應你他會注意，他也知道會受到什麼處罰，但是真正玩起來還是非常容易玩過頭。

所以我們或許也可以搭配使用「**你的損失，我很擔心**」的策略，從沉沒成本中，損失比較容易讓人有感覺的角度，看看是否能夠幫助孩子建立多一點點「踩煞車」的能力。

你的損失，我很擔心

多年前，我曾和一位孩子討論，關於他玩過頭的問題。孩子平時還算穩定，但情緒一來時就瞬間山搖地動，連玩遊戲也不例外。孩子每一次和同學在走廊上玩摔角，原本都只是單純玩耍、力道有限，但沒一會兒功夫，兩人就會變成高手過招，招招致命。為了贏過對方，孩子竟然不顧一切使出大絕招，直接往前一個彎身抱住對方的兩隻小腿，然後使力往前一拉，要讓對方重心不穩整個人順勢往後仰倒，藉此壓制對方的攻擊。

這樣的打法就算是專業拳擊手都會令人看得膽戰心驚，更別說只是中高年級完全沒有任何安全防護的孩子，遲早會發生意外。

在我跟孩子合作之前，其實老師已經勸告他多次，並警告大家不能和同學玩類似的遊戲，如果再看到就要處罰。但是，孩子從老師的告誡中學到的結論就是：「要躲到老師看不到的地方玩。」

於是，瞭解了整體狀況後，我尋思該怎麼和孩子討論這個危險的遊戲方式，同時又要顧慮到孩子本身比較衝動、控制力困難的特質，加上孩子對於學校各種處罰都已經完全免疫，所以我們可以應用的外在資源相當有限。

我回想和孩子會談時的紀錄，突然發現這個孩子三不五時就在會談中抱怨，班上某某同學占用到他的時間，或是因為和手足吵架被處罰，所以少了看電視的時間等問題。我開始意識到一件事情：「**孩子不喜歡自身權益受到損失，而擁有時間的自主權，似乎是孩子很看重的一項權益**。」

於是我決定從孩子在意的權益出發，從損失的角度切入，來處理遊戲過當的問題。

從「損失」角度介入孩子的暴衝行為

我試著和孩子溝通：「就跟你說過了，你玩遊戲把人家這樣弄倒，真的很危險耶，你知道嗎？」

孩子：「嗯。」

我：「知道歸知道，但是做不到，對不對啊？」（我觀察到孩子在竊笑，畢竟已經因為這件事情被警告跟處罰多次。）

我：「好啦，誰玩遊戲不想贏，尤其這種要比武術功夫的。我覺得你功夫底子應該不錯，是個習武之人。（我的良心呢？）不過我剛剛跟你討論關於危險這件事情，其實有一個我更在乎的原因，你知道嗎？」

孩子：「你又沒講，我哪會知道？」

我：「……嗯，你邏輯真好。好吧，話說回來，我更在乎的點是在於當你們玩過頭時，你用來制伏對方的方法（讓對方跌倒），你知道後果是什麼嗎？」

孩子：「知道，後果就是我就贏了。」

我：「……嗯，你邏輯真好。從比賽的結果你的確是贏了，不過從你的角度來說，你很可能會虧更大。」

孩子：「為什麼？」（終於沒嗆我了）

我：「我分析給你聽。因為我知道你很在意自己的權益，而你們玩遊戲的方式偏偏就會損害到你的權益。你看唷，如果你用這種方式贏得比賽，對方一定會跌倒對不對？而且用你的方式，你朋友一定都是往後跌倒，然後跌在地上對不對？」孩子點點頭。

我：「你看唷，如果你朋友整個人跌在地上，很可能會發生什麼事情？他哪一個部分會先撞到地上？」

孩子：「嗯？屁股？」

我：「如果是屁股那當然沒問題，但你再仔細想想，除了屁股以外，哪個地方撞到地板或地上會比較麻煩？」

孩子：「背？（我搖頭）手？（我搖頭）不然哪裡？」

我指指孩子的頭：「就是這裡呀！」

孩子：「那有怎麼樣嗎？」

我：「唉唷，這你就不懂了。我跟你說呀，你知不知道你現在能夠思考、玩遊戲、跟朋友聊天、打電動，這些事情要做得好，要靠哪一個器官？」孩子指指自己的頭。

我：「對呀！就是要靠你的頭腦，可是你知道嗎，人的大腦其實是最厲害的器官，但同時也是很脆弱的器官，你有看過人的大腦嗎？（搖頭）我看過唷，就像豆腐一樣軟軟的，也像豆腐一樣很容易破掉，你吃過豆腐對不對，豆腐是不是很軟嫩？」

孩子：「嗯，我喜歡吃百頁豆腐，我不喜歡吃皮蛋豆腐的那種豆腐，我覺得不好吃，皮蛋也是……」

我：「我沒有要跟你講那個啦，我是說人的大腦就像豆腐一樣脆弱，所以需要頭殼去保護它。可是麻煩的地方是，頭殼不管再怎麼硬，還是可能會因為碰撞而傷到大腦，尤其像你們這樣的打法，如果你朋友的大腦不小心受傷了，你知道結果會是什麼嗎？」

孩子：「他就去住院了呀，有人會照顧他。」

我：「……嗯，你邏輯真好。當他出院之後你知道會發生什麼事情嗎？

（搖頭）他可能會因為這樣行動不良，要坐輪椅，然後上下廁所都需要有人幫他，如果他無法用手寫字了，有人要幫他抄寫聯絡簿，他坐著輪椅要去哪裡，都需要有人幫忙推他，你猜猜看，如果他因為你受傷了，誰最需要處理後續的這些事情？」

孩子：「我？」

我：「你邏輯真好！就是你。因為這是你造成的，所以你有一定的責任。我跟你說接下來的狀況：如果家長同意，你每天上下學可能都需要幫他推輪椅，你每一節下課都需要幫他整理桌椅，上下廁所，抄寫作業，是每一節唷，你想想看每一次下課時間也才十分鐘，你玩都來不及了，結果現在你要拿來幹嘛？」

孩子：「嗯……」

我：「你都要拿來為一個你明知道可以避免，但卻不信邪的小動作負起全部的責任呀！」

孩子：「啥？你說什麼？」（應該是我句子說得太華麗，孩子聽不懂。）

我：「就是一句話，你用了危險的方式贏過對方，後果就是你要承擔，你要承擔什麼？就是你的時間以後再也不會是你的時間，你所有在學校原本可以拿去玩、拿去聊天、拿去打架的時間，現在全部都要拿去還債，就因為你一個輕忽的小動作，你這麼在意時間，討厭麻煩的人，你甘心嗎？」

孩子：「我不想聊這個了。」

我：「……嗯，你真是直接。好，我們不聊了，我相信你一定有辦法避免的對吧？這畢竟是你的損失呀。更別說你這麼體貼的人，心裡也會因為傷害到別人而不好受。」

孩子：「嗯。」

從那一次之後，我們沒有特別再去聊學校玩遊戲的事情，不過學校老師觀察發現，孩子下課和同學打來打去的頻率有下降，而使用過度攻擊的方式來贏得比賽的情形已經不復見。

這大概是我們從「損失」角度，介入孩子暴衝行為的一個例子。

孩子需要學會為自己選擇

對於小學、國中階段的孩子來說，運用上會有很不同的層次跟考量，然而抓住核心的本質，往往就比較能夠釐清會談的方向。但我要特別強調的是：**「損失」不是要我們去恐嚇或處罰孩子，而是讓孩子明確知道自己行為的成本（代價）**。因此我非常反對只用「處罰」作為行為的代價，也反對用「恐嚇」的口吻或態度威嚇孩子。

相反的，當我們和孩子討論「損失」時，我們的角色是協助孩子理解，**每一個選擇都有成本**。其中有些成本孩子可以承擔，但有些成本不只孩子無法承受，並且會嚴重損及他的利益。當我們協助孩子理解這些代價時，孩子通常就會有自己輕重緩急的排序。

你會發現人生就是一連串的選擇，每一個選擇都有代價（成本），最近大家會開玩笑地說：「小孩子才做選擇，成年人當然是全都要。」事實上，小朋友的確要學會做選擇，因為每一個選擇背後都是不同的成本（代價），而「損失」就是代價的一種。

我希望讀者理解，我們在面對孩子的不當行為時，往往會從道德、校規、人倫的角度著手，並給予價值上對錯的判斷。這些從教育或教養的觀點來說，都是孩子人生中非常重要的學習，也會為他的人格奠定非常寶貴的資產。然而，人同時也是一種會對自己利益趨避相當在意的生物，從這一個角度著手，協助孩子對自己的處境能有更多元的評估與風險規劃，同樣也是人生相當重要的學習。

然而，這樣對孩子的行為介入夠嗎？

如果我們沒有理解到孩子思考的特性，這樣的做法其實還是有侷限性的。孩子思考的特性是什麼？我們留待第五單元和大家細細分享。

4-5

大人建立威信的回應方式

很多時候，你會發現班上孩子鬧哄哄的，常常人話講不聽，幹話滿天飛。這時就不太只是輔導或是個別孩子的問題，而是整個班級的氣氛都相當混亂，因此更多時候，學習如何回應挑釁的學生，是相當重要的事情。

對我來說，適當的在某些場合「嗆」學生，對於班級經營來說也很重要。很多夥伴看到這應該會頗為詫異，認為心理師怎麼可以鼓勵「嗆」學生呢？如果你有這種感覺，那很可能是我們對於「嗆」的概念不同，甚至你可能誤把「嗆」、「酸」、「嗆」看成同一件事情。

在這請容我做個說明，「嗆」、「酸」、「嗆」是不一樣的行為和意義：

「嗆」：這是一種力量的壓抑。

「酸」：這是一種自尊的貶抑。

「噹」：這是一種機智的對弈。

所以「嗆」跟「酸」的作用力通常會帶來反作用力，但是如果「噹」得好，反而會建立起我們的威信。因此「嗆」、「酸」與「噹」是不太一樣的概念，我想跟你分享的是，如何在適當的條件中「噹」學生，而避免用「嗆」、「酸」的方式應對孩子。

如何機智的對弈？

怎麼用「噹」做到機智的對弈？

原則上來說，**就是我們先跳出對方思考的框架，然後讓對方跳進我們的框架**。但是要能夠跳出對方思考的框架，有一個重要前題，在於自己要能夠意識到對方給出的框架，才能夠跳出來，否則就會一起陷進對方的框架裡。

這是很多人溝通時常常陷入爭執的原因，最簡單的例子如下：

A：「你為什麼每次都說你要幫忙，但你從來都沒在幫忙呀？」

B：「我哪有每次都沒幫忙，我有時候也會幫忙好不好？」

你會發現，A只是說了一句話，但是B很輕易就掉進了A的框架中，這個框架就是「你每次」、「你從來沒有」。於是陷入框架的B，就不斷在這個框架裡爭辯打轉，最後變成兩個人之間爭吵的起點。

如果你有意識到對方話語中的框架，才可能跳出這個框架，進行比較有效的對話。

簡單來說，如圖4-2。當遇到對方出言不遜時，我們可以利用這個跳出框架的流程協助自己思考。這個流程包括：辨識對方的框架、對方背後的預期，試著轉折對方的預期，並且從中找出自己可以回應的新框架。

實際例子可以參考：

學生：「老師，你不知道我是靠臉吃飯的嗎？呵呵呵呵。」

老師：「嗯，別亂說，你會餓死的。」

學生：「……」

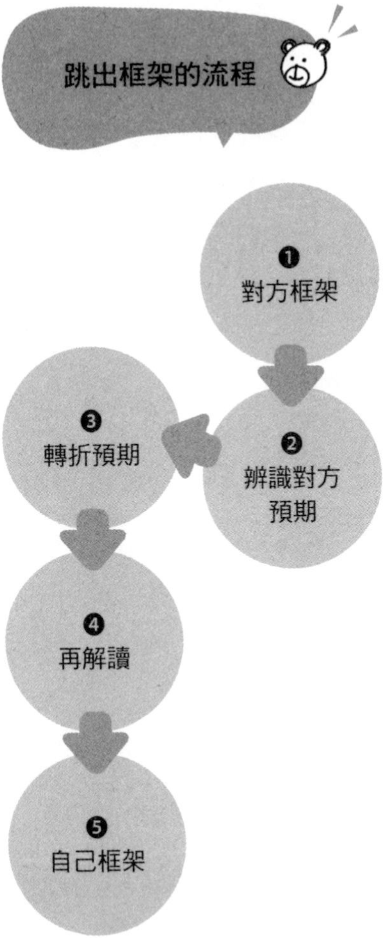

圖 4-2 意識到對方話語中的框架

透過跳出框架的思考流程解析，如圖4-3。

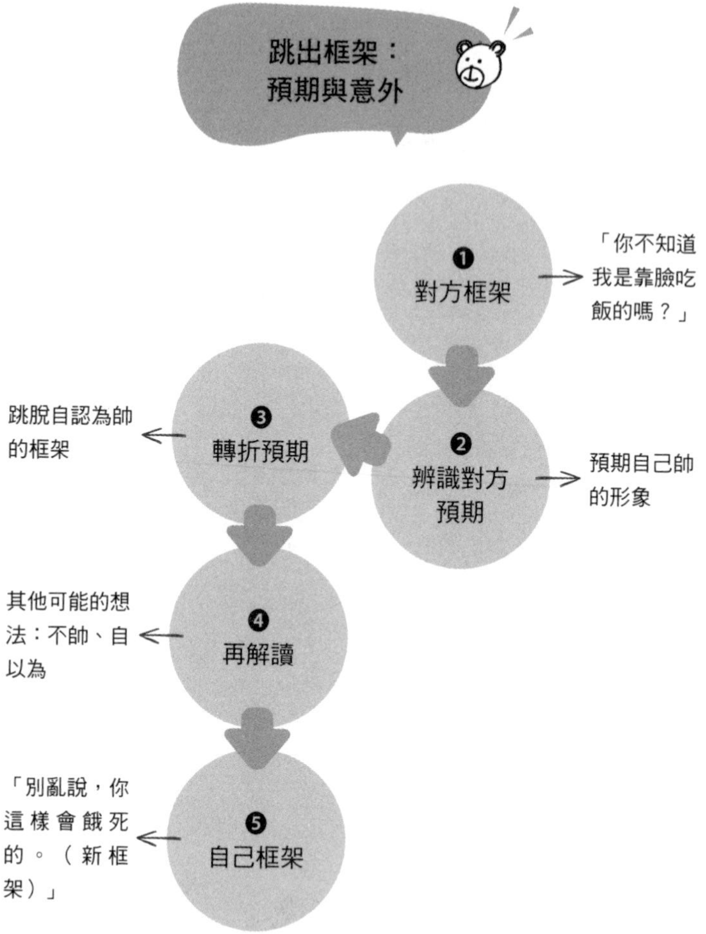

圖 4-3 練習跳出框架

練習

當學生對你說：「我就是比你厲害怎麼樣？你算什麼東西？」這時候，依據前面的思考流程，你會怎麼樣協助自己跳脫框架，並且重新給出新的框架呢？

請試著思考看看。

解析

❶ **對方框架**：「我就是比你厲害」是一種力量跟地位上的比較。

❷ **辨識對方預期**：想要在話語或實際上勝過或壓制對方，也可能是攻擊對方。

❸ **轉折預期**：「想要壓制對方、貶抑對方、攻擊對方」

❹ **再解讀**：為什麼一定要貶抑對方？壓制對方？可能是因為沒有其他方式，但又很想要壓制對方，所以只能在口頭上表達。我們放棄針對攻擊對方的預期做回應，針對壓制對方的部分做再解讀。

❺ 自己框架：

A 如果嘴砲是一種比賽的話，你的確比我厲害。（重新框架**厲害**的部分）

B 哪裡可以參加嘴砲比賽？（重新框架**厲害**的部分）

C 看的出來你很想贏，那總是要拿出實力呀，我等你。（標定出**想贏**的動機）

D 要我幫忙的話不要客氣呀，獎盃可以給你。（純粹想嘴對方……）

在面對孩子挑釁或不當的言語時，如果我們能夠練習從上述的思考方式辨識與重新架構時，除了能夠幫助我們比較容易跳脫對方的框架外，透過辨識與再解讀這些語言中的訊息，也能夠讓我們的情緒有比較緩和的空間。

有興趣的讀者，也可以試試看這種解析的思考步驟。

幾種常見的「噹」類型

❶ 跳出框架法

學生：「老師，你教的都是沒用的東西。」

老師：「孩子，我不允許你這麼說自己。」

❷ 順勢而為法

學員：「上一屆的老師教得比較好。」

老師：「對呀對呀，我也比較喜歡上一屆的學員。」

在這種回應中，先辨識出對方的框架在於「比較」。

對方透過和上一屆老師的比較，意圖來攻擊現任的老師。當我們抓出這個比較的意圖後就可以有很多種換框架的方法。其中一種就是把框架從「比較」本身，換到「被比較的對象」，於是我們持續使用「比較」的框架，但是把被比較的對象從「老師」換到「學員」，就可以得到一個回應。

下一個例子的邏輯也是一樣：

學員：「你們××區的教練，水準也就只有這樣。」

教練：「配上××區的學員，這樣的水準剛剛好。」

看完上述跳出框架的思考邏輯後，讀者可能會想「這也太難了吧？」在衝突發生的當下，時間那麼緊迫，情況又那麼危急，我們哪有那麼多時間可以思考？事實上，我們真的很難在衝突當下完全跳出框架思考，然而，這並不代表我們不能「練習」這麼做。一旦我們打定主意想要「練習」怎麼跳出框架時，你的注意力就不會只執著在對方的口氣或態度，而是能夠聚焦在回應上。

整體應對的步驟

1. 停頓

通常面對孩子的不當反應或挑釁，我建議第一步不是急著回應，而是先安靜，然後試著讓表情和緩（或單純沒有表情），同時專注看著對方。

2. 辨識、思考

在你停頓的當下也給出了一個時間上的空檔，這個空檔除了幫助你自己穩住情緒之外，也在對方營造的挑釁氣氛中，做出一個暫時的阻隔，讓氛圍不至於馬上流暢的發生。

同時，我們可以應用上述跳出框架的思考過程，看看是否能夠先捕捉到對方的預期，接著再思考幾種可能的解讀方向，並試著重新給出一個新的框架。

3. 回應

在辨識與思考的階段，由於我們的注意力有一部分放在釐清對方的預期，這時就不會**只**看到自己的生氣，這種注意力上的轉移，也會適當的緩解我們的怒氣，有助於我們做出更恰當且合宜的回應。

「溫和而堅定」是最理想的回應方式，但實際上，我們如果能夠做到不帶狂怒、冷靜漠然的回應，就已經非常難得了。這有賴於我們的練習。請各位讀者切記，就算我們當下沒有好的回應也沒關係，但請盡量避免用音量或姿態來壓制對方，也請千萬不要在言語中傷及對方的人格或自尊，這是我個人認為相當重要且在意的底線。

心理學小課堂

「回應」之所以重要，是因為我在這幾年來的觀察，發現許多老師或家長，常常在教學或是教養中，背負著許多無形的框架或束縛。比如來自於社會觀感、主流文化，或是自我形象等等，很多時候，這會讓我們在面對孩子不理性或挑釁的言語行為時，處在一種內心很受傷，很委屈，但卻很難直接表達自己生氣或憤怒的困境中。

一來，是我們不習慣表達自己的情緒；二來，是我們總被期待要比孩子更理性的面對衝突，然而這些都是相當不合理的束縛。因此長期下來，這種委屈會累積成巨大的怨懟跟壓力，然後伴隨著無力與挫折，消磨我們對工作或教養的動機與熱情。

如果我們能夠在面對孩子的挑釁有回應的能力，最理想的回應當然是同理孩子的狀態，同時也承接自己的受傷；再而其次，是能夠在邏輯或條理中暫緩孩子的攻擊，同時也建立自身的界線，讓對方的情緒不再持續丟到自己身上，我想「噹」是其中的一種方法。

PART 5

衝突的第一現場

5-1 如何和孩子有效溝通？

前面幾單元，我們分享了情緒階層的架構、心理學的人性理論，以及實務上的應用邏輯，這些是我們希望可以理解孩子的途徑跟角度，但不會也不應該是唯一的方法。

在臨床工作中，我們花費最多心力也最困難的部分，始終是在「理解」孩子。

但事實上，要「理解」一個人，是一件極度困難也幾乎不可能的事情，因為我們每一個人都是帶著各自的主觀在看待他人、解讀事情。所以，所謂「理解」一個人，指的是我們「願意」給出一個心理上的空間，在那個空間裡，我們暫時移開了自己原本固守的框架與立場，並邀請孩子帶著他的世界來此坐坐，開啟一段以好奇為初衷的交流。但僅僅如此，對大部分的人來說卻也相當困難，因為我們很少有閒暇與餘裕，「願意」這麼做。

儘管如此，回到孩子令人困擾的行為上時，我仍然要強調「理解」是最關鍵的前提。在這個前提下，我們才有可能釐清原因，更進一步定義問題與發展策略。

在這一個單元中，我將和讀者分享發展策略與溝通的一些觀點與經驗。當我們與孩子互動時，除了溝通方式與技巧外，還有很多時候，必須要顧及孩子的思考特性。

除了前文介紹的「定錨效應」、「沉沒成本」以外，孩子們還有一些普遍性的思考特質值得我們謹記在心，並且依據不同的思考特質，提供適合的溝通媒介。

遵從孩子的思考特性

活動一：名詞解釋

在分享孩子的思考特性前，請容我先邀請你參加以下的問題，這些問題都不難，但有助於我們更進一步理解思考的特性是什麼，而你只需要想辦法回答的越清楚越好。

題目如下：

問題❶：請問你，橘子是什麼？

問題❷：請問你，香蕉是什麼？

問題❸：請問你，車子是什麼？

問題❹：請問你，襪子是什麼？

問題❺：請問你，守秩序是什麼？

問題❻：請問你，有禮貌是什麼？

問題❼：請問你，認真是什麼？

問題❽：請問你，專心是什麼？

問題❾：請問你，合作是什麼？

問題❿：請問你，道德感是什麼？

在這裡，你有沒有發現一件事情，回答第一題的時候，你可能很輕鬆地就能描述或形容出橘子的形狀、顏色、吃法，甚至口感。但是，隨著題目越做越往後，也就越來越難簡單或直接回答。雖然每一個題目的概念我們都懂，但就是很難完整或詳盡的解釋清楚什麼是「認真」、「專心」、「道德感」等等，這些名詞實在有夠抽象。

你還記得大概從第幾題開始，題目就變得很難回答了嗎？大部分的讀者應該都會發現，從第五題開始，好像就無法回答得像第四題那麼流暢，這是為什麼呢？

原因很多，其中一個最主要的原因就是，不管題目中是橘子、香蕉還是襪子，這些都是你生活中貨真價實存在的東西，你用過它、看過它也碰過它，所以你可以依據自己的真實體驗，具體描述出這些物品是什麼。但是像「認真」、「專心」或是「道德感」等等，雖然你似乎知道是什麼意思，但就是很難完整的描述。

後半部的題目之所以難形容，是因為它們都是非常抽象的狀態或存在，你無法在櫃子裡找到「認真」，也不可能穿上「專心」，更不會在背包中裝著「道德感」。這些東西太抽象，以至於你只是依稀有個概念，但遠遠不及「橘子」來的鮮明或確定。

所以我們可以理解，**越具體的東西，通常越容易被思考與討論**，這不僅在大人身上可以驗證，在孩子身上更是如此。

「規則一：具體的思考，比抽象的思考更容易。」

活動二：猜菜名[1]

這一個活動也不難，但是很需要發揮你的想像力或是聯想力。

接下來，我會給你五道菜名，每一道菜名，實際上都是我們生活中常見的家常菜或小吃，請你盡量猜猜看，這些各是我們熟悉的什麼小吃呢？請開始：

❶ 日式頂級嫩豚肉佐在地小農冠軍米
❷ 神戶頂級和牛佐小豆島手工麵
❸ 茴香荳蔻甘草百里香風味卵
❹ 法式雪白麵衣佐伊比利黃金特製豬碎肉
❺ 有機發酵手工豆腐佐鮮釀蒿苣

看完一輪之後，有沒有一種相當混亂又不確定的感覺，儘管感覺自己應該是對的，但又沒有十足的把握。現在我請你再重做一次，但這次出題的方式如下，請你看圖依序說出菜名：

1 本遊戲之概念取自蔡馥好心理師，題目文字取自網路。

❶ ❷ ❸
❹ ❺

各位讀者做完第二輪題目之後，可能已經發現，第二輪的圖片跟第一輪的題目其實是一樣的。但是第一輪的題目，光看文字我們就沒有辦法那麼確定了，反而是第二輪的題目，圖片一出來就勝過千言萬語。

兩輪題目相比較，你有沒有發現，圖像還真是比文字清楚又具體多了，而這就是我們思考的第二個特性。

「規則二：圖像的呈現，比文字描述更容易記住與理解。」

對於使用文字還不是很純熟的孩子來說，有時候以圖像作為溝通或概念的輔助，將會更容易增進記憶或理解。

現在，我們掌握到了孩子們的兩個思考特性❶**具體的詞彙**，以及❷**圖像的呈現**。善用這兩種思考特性，在面對孩子的輔導跟溝通時，將更能夠增加理解的效果。

接下來，我們將要合併這一節的知識點，回到前面的對立行為與情緒暴衝的狀態中，搭配「定錨效應」、「沉沒成本」的理論運用，看看如何協助孩子面對行為與情緒困難。

也希望，讀者們閱讀前請先理解，所有在本書中提到的案例，都不是特定或單獨個案之經驗描述，同時刪除相關的背景資訊，並在不失原意下模糊處理，以保障當事人之隱私。

5-2

逃離現場的孩子

各位讀者在讀完前一節後，應該記得我們提出的兩個思考特性：

特性❶：具體的思考，比抽象的思考更容易

越具體的東西，我們越容易理解跟思考，這不僅在大人身上可以驗證，在孩子身上更是如此。

特性❷：圖像的呈現，比文字描述更容易記住與理解

對於使用文字還不是很純熟的孩子來說，有時候以圖像作為溝通或概念的輔助，將會更容易增進記憶或理解。

所以「**具體**」＋「**圖像**」，相對來說會更切合孩子們的思考特性；若再加上「定錨效應」、「沉沒成本（痛恨損失）」的理論運用，我們可以看看如何協助孩子面對行為與情緒困難。

在班上，老師可能時不時會遇到一種狀況：孩子和同學起口角、跟老師起衝突，或是因為其他各式各樣的原因，情緒一來，忍不住就在課堂中跑出教室。這會讓任課老師與家長都感到困擾，除了危安的顧慮之外，也影響了課務的進行。

通常面對這類情況，我們往往會試著和孩子討論原因、處理情緒，或是調整環境中的影響因素（和衝突的孩子分開、避免在課堂中的刺激等等），這些都是相當合理的思考與介入方向，如果再搭配本書的策略，在面對不同案例時，就會有以下的方法。

跑出教室的小寶

小寶是一位五年級的孩子，在學校的大部分時間都還算平穩。但是自從升上五年級之後，每天只要一到抄寫聯絡簿的時間，小寶就會開始焦躁，常常老師功課出到一半，小寶就會突然倏地起身，在全班都還來不及反應時就奪門而出，然後在校園中跑給老師們追，或是在教室外大崩潰，邊哭邊喊：「我不要寫功課」、「我要找媽媽～～」、「我要打電話給媽媽！」

由於媽媽上班的地點在學校附近，因此有時候當孩子情緒激動到無法安撫時，不得已也只能請媽媽來學校幫忙，類似這樣的情形幾乎天天上演。老師與家長評估可能是因為課業量比較多，孩子動作又比較慢，因此有比較大的壓力。

為此，雙方都做了一些改變，不管是功課調整、提早在學校先寫，或是由安親班老師幫忙一起完成等等。儘管做了這些改變，小寶仍然三不五時就跑出教室，而且大多數是在抄寫聯絡簿的時候，到最後導師跟媽媽都心力交瘁，因為能用的策略都用上了，還是不見改善。

找到行為的定錨點

事實上，學校處理的已經相當細緻又彈性了，家長也非常努力，所以當小寶轉介到我這裡時，我也感受到了學校與家長的挫折與無力。我試著和孩子討論，幾次會談下來，卻也沒有太多進展，此時我更能體會到親師間的無奈。

就在某一次會談中，我和孩子討論到他跑出教室的原因，或許是因為關係到了某一種信任的層次，孩子說出了他內心真正在意的原因：「當老師出功課超過三樣時，就要花很多時間寫功課而沒辦法看卡通了，一想到看不了卡通，心情就會止不住的煩，然後就只想跑出去，不想待在教室……」

知道這件事之後，我有了一些想法。

首先，孩子把功課數量（三樣功課）和看不到卡通定錨在一起。這個連結雖然不合理，但是很強烈，或許我可以鬆動這個定錨。但此時資訊還不夠，需要再多蒐集一些資料，於是我繼續和孩子討論在家裡的狀況。

我邊和孩子討論，邊試著用一張紙記錄下來。

我們討論了孩子跑出教室後的狀況，以及通常不跑出教室的狀況，意外得到了不同的結果，如圖5-1及5-2。

我們將「不跑出教室」（狀況❶）和「跑出教室」（狀況❷）的兩種情況整理了一下。原先只是想理解孩子不跑出教室的原因是什麼，想要從中找到一些可以努力的方法，畢竟不跑出教室，就代表有時候孩子是可以自我控制的。

然而，把兩種狀況放在一起思考時，我卻看到了另一種可能性：也就是，**狀況❶跟狀況❷都是一種選擇，但兩種選擇所要面對的損失（利益）是不一樣的**。

在狀況❶中，孩子雖然相當難耐不舒服，因為想到自己「可能」看不到

狀況❶ 不跑出教室

當下	結果
很煩	❶ 課後班及回到家，通常六點半可以寫完功課 ❷ 可以看到電視

圖 5-1 不跑出教室的結果

V.S.

狀況❷ 跑出教室

原因：想到回家很多功課，不能看電視，很煩

當下	結果
不用面對	❶ 跑出去教室幾分鐘，回家罰站幾分鐘 ❷ 除此之外，還要被處罰三十分鐘

　　20分鐘
（跑出去的代價）＋30分鐘
　　50分鐘

圖 5-2 跑出教室的結果

卡通就覺得很崩潰；然而當他真的跑出教室之後（狀況❷），要面對的狀況卻是「百分之百」看不到卡通，這反而是孩子更討厭的結果。

於是，在得到兩種狀況的對照後，我重新拿出一張紙，試著把孩子的兩種選擇以及兩種結果，分別條列如圖5-3。

我把這張圖拿給孩子，和他討論我的整理有沒有什麼錯誤的地方？

孩子不發一語的看著這張圖，越看越仔細，似乎想要找出什麼不合理的破綻，然而事實似乎就是如此。正當我要繼續討論下去時，剛好下課鐘

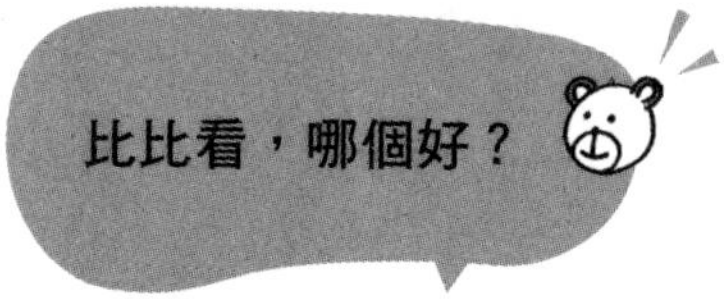

跑出去	留在教室
❶ 延遲＋處罰，共五十分鐘 ❷ 一百%絕對看不到電視	❶ 寫完作業 ❷ 不被處罰 ❸ 可看電視

圖 5-3　兩種結果比較圖

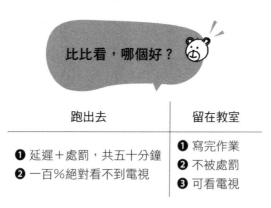

聲響起，於是我請孩子先把這張整理表拿回去，下週會談時再討論。

等到隔了一週再到校服務時，有趣的事情發生了。

「具體」＋「圖像」＋「沉沒成本」

我照例打電話和導師先瞭解一下孩子的近況，導師沒回答，只先問了一個耐人尋味的問題：「心理師，你是不是有請孩子吃藥？」

「沒有，基本上那沒有藥可以醫，老師你別誤會，我的意思是，這些是人的氣質或特質，這不是什麼疾病，沒有藥可以改變一個人的個性。」

「嗯嗯，不過這一週是有點奇怪，孩子五天裡面只跑出去了一天，而且不是因為聯絡簿的關係，是他跟同學吵架了。」

「這太奇怪了吧？我等一下和孩子聊聊。」

我相當訝異，掛上電話的第一時間，我想到是不是孩子家裡有什麼變故？還是遭遇不當對待？不禁心裡起了糾結跟擔心。

直到孩子進了會談室，我看著他，想確定他有沒有發生我擔心的事情。

「你這週還好嗎？」

「還不錯呀。」

「但是我聽說你這週幾乎都沒有跑出教室，我有點擔心你是不是發生什麼事情？」（我竟然擔心孩子沒有跑出教室，一般人應該很難理解。）

「沒有啦，還不是因為這個……」孩子一邊說，一邊慢慢從制服胸前的口袋裡，掏出一張對折成口袋般大小的紙。

攤開一看，正是上週我們討論時順手寫下的整理表。

「這怎麼了嗎？」

「沒呀，就你上次說的這個，我回去看看就覺得……不划算呀，每次跑出去結果真的都是看不到電視……就算了。」

我鬆了一口氣，再看看孩子手中的那張紙，瞬間似乎意識到我做了什麼，但沒來得及細想，我請孩子分享他這週用了哪些方法讓自己能夠留在教室中。

在教室逃逸事件後，孩子在教室中保持穩定的時刻變多了，大約一個月後結案。

事後，我思考了孩子行為改變的原因。

除了導師、家長與輔導團隊的努力功不可沒以外，或許還有另一個角度，就是小寶對自己決策的因果關係、風險評估的理解，讓他處在衝突時多了一層現實感，並試圖把狀況往自己有利的方向移動。

如圖5-4所示，在和孩子討論的整

比比看，哪個好？
（圖示決策的因果）

跑出去	留在教室
❶ 延遲＋處罰，共五十分鐘 ❷ 一百%絕對看不到電視 **（痛恨損失）**	❶ 寫完作業 ❷ 不被處罰**（負增強）** ❸ 可看電視**（正增強）**

圖 5-4　兩種結果，你喜歡哪一個？（動機引發）

理表中，有一些背後的心理學因素。

在這個案例中，大家可以發現我們用到了**「具體」**＋**「圖像」**＋**「沉沒成本（痛恨損失）」的幾個原則**，並在團隊合作的氛圍中，協助孩子開展出新的選擇。

儘管如此，「具體」、「圖像」或是「沉沒成本（痛恨損失）」這些原則，都是我們面對孩子的對立行為時的「策略」，並不是所有情境都適合。

對孩子來說，學習這世界的道理也是教育的一部分，因此請勿因噎廢食、拘泥形式。在這節的分享中，我們核心的精神是在面對孩子的教育與教養時，能夠有更充分的理解，提供適切的媒介與方法，幫助孩子達成學習的目標。

5-3 唱反調的孩子

在上一節的案例分享中，我們使用了「具體」＋「圖像」＋「沉沒成本（痛恨損失）」幾個原則，用意在於協助孩子開展出新的選擇。

而在這一節，我們將會持續使用前文介紹的原則與架構，應用在生活當中。

和老師嗆聲的康康

六年級的康康，人不大隻，但脾氣卻不小。

康康上課時總喜歡對老師嗆聲，而且越不喜歡的老師，他唱反調的頻率就越高。

升上六年級後，班上換了一位新的英文老師，康康常常和老師唱反調，當老師提出問題時，康康就使勁的舉手回答，但回答的問題往往都是雞同鴨講。當老師不點康康時，康康就在台下起鬨，抱怨老師不公平。

老師常常為了制止康康的行為而動怒，不只影響課務的進行，康康的行徑也影響了班上其他同學，導致有些同學會跟著鼓譟，讓問題變得更加複雜。

經過導師的觀察發現，通常康康不喜歡的老師往往在教學上比較嚴謹、教法一板一眼、求好心切，責任感高，對孩子在課堂上的要求也高。可能康康的個性對管教反抗大。然而學習遵循團體的規範，本來也是團體生活的一部分，加上康康的行為已經影響到了教學，因此轉介到了輔導處。

孩子的敵意與負向解讀

幾次接觸下來，當關係比較穩定後，我和康康聊到了在班上和老師的衝突，孩子表示：「我就是不喜歡他（英文老師）啦！他很機車，每次都針對我，我英文考卷明明就寫O，他說我寫的是 q 還是 e，要我擦掉重寫，全班一半以上都說那是O，他根本自己看不懂還怪我。所以我就是要故意弄他，讓他課上不下去被家長抱怨。」

「等到上課進度落後，我就要發動罷免把他踢下去，這樣我就爽。」

聽到孩子這麼說，我大概瞭解了師生之間彼此衝突的性質與樣貌。孩子與老師雖然沒有深仇大恨，然而自我意識的強烈和家庭中的成長經驗，讓孩子對事情比較有負向和敵意的解讀。加上情緒的調節有困難，一旦自認受到了攻擊，就會相當頑強的反擊回去。

這次孩子選擇用耽誤老師授課的手段，試圖影響老師的教學進度，用壓力逼迫老師。

想到這，我突然覺得自己小時候實在太嫩了，現在孩子的心思都比我複雜多了，光要設計老師還可以有這麼多考量跟招式，真是受教了。不過回到孩子的會談，隨著教室場景的樣貌與孩子內心想法的釐清，我大概有了一些方向。

「具體」＋「圖像」＋「沉沒成本」＋「定錨效應」

「我可以理解你的不爽，這是一個大問題，有機會我要跟你聊聊這部分。不過我現在比較在意的是，你說你要報復老師的**方式**，你懂兵法嗎？」

「什麼法？」

「兵法，一種教你怎麼作戰的百科全集。」

「嗯，知道。」（最好你知道啦！）

「那我就訝異了，既然你都知道兵法，在報復老師這件事情上你竟然犯了兵家大忌，讓自己陷入一片火海沒有出路？」我搖了搖頭，搭配一個很遺憾的表情。

「什麼？」孩子瞪大眼睛看著我。

「你說你想要報復老師，所以用拖延老師上課的方式打亂老師的進度，讓他課上不完對不對？」

「對呀，這樣其他人就會……」我用手勢阻止他再講下去。

「我很認真的跟你說，你在畢業前，一定要很誠摯而且滿懷誠意的跟你們全班同學說一聲抱歉，並且表達你對他們的感謝跟愧歉，雖然我很懷疑已經來不及了，但你還是要這麼做。」

「啥？你在說什麼東西？」孩子狐疑的瞇著眼睛看向我。

「我說，在你畢業前，你要好好誠心的跟你的同學們做兩件事：第一個道謝，第二個道歉。」

「為什麼？這有什麼關係？」

「你還說你學過兵法（嘆氣）。來，我分析給你聽。」我順手在白板上邊說邊畫畫，如下頁圖5-5。

「這是你現在在班上整個狀況的前因後果對吧？好，到這邊我都理解，我問你，這個決定的代價是什麼？」

「什麼代價？」

「任何決定都要付出代價。你覺得你在這次的行動中，代價是什麼？這

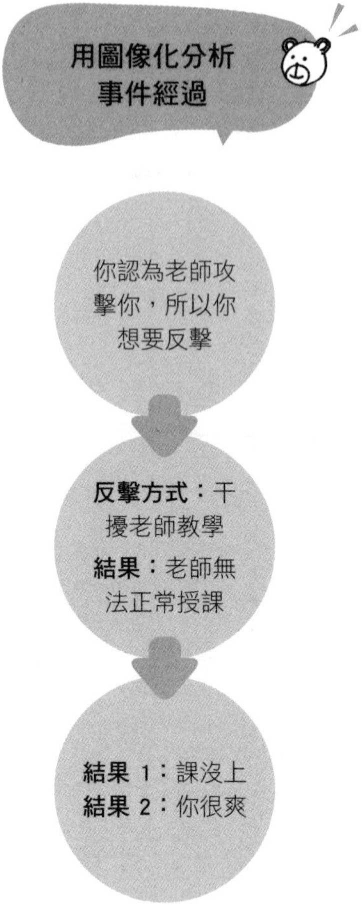
用圖像化分析
事件經過
你認為老師攻
擊你，所以你
想要反擊
反擊方式：干
擾老師教學
結果：老師無
法正常授課
結果 1：課沒上
結果 2：你很爽

圖 5-5 圖像化拆解加深印象

個代價就是我覺得你需要在畢業前，好好跟你同學道歉跟道謝的最大原因。」

「不知道。」

「果然，你就是太衝動了，放著這麼聰明的腦袋都不好好用，做的都是傷害同學又不利己的事情。」

「什麼啦？」

「你以為你報復了老師，事實上你是在拖全班同學下水。來，我分析給你聽。」

「你讓那些想學習的人沒辦法學，讓那些需要學習的人沒東西學。你讓那些沒機會補習或去安親班的人失去了選擇的機會，其中還有一些是你的好朋友，他們起鬨跟著你鬧，但你在利用（傷害）他們對你的信任跟友誼，只是去換你自以為的利益。」（如下頁圖5-6）

「所以，我對你想要報復的心情可以理解。但我要請你畢業前，為那些因為信任你而換來自己損失的同學，說聲抱歉跟謝謝，請他們原諒你，也謝

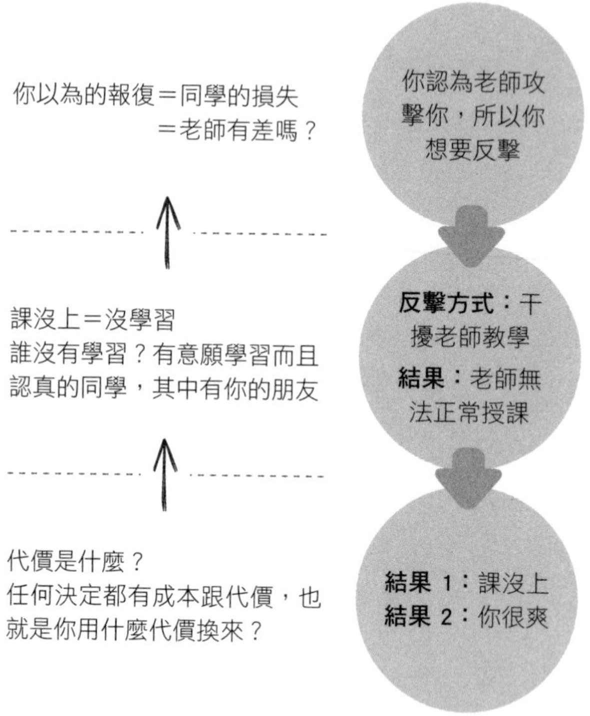
你以為的報復＝同學的損失
＝老師有差嗎？
你認為老師攻擊你，所以你想要反擊
課沒上＝沒學習
誰沒有學習？有意願學習而且認真的同學，其中有你的朋友
反擊方式：干擾老師教學
結果：老師無法正常授課
代價是什麼？
任何決定都有成本跟代價，也就是你用什麼代價換來？
結果 1：課沒上
結果 2：你很爽

圖 5-6 讓康康看到決定背後的代價

謝他們用他們損失來滿足你。」

「……」孩子沉默不說話了好一陣子之後，還是很嘴硬的回我：「哪有這麼嚴重，我才不管他們，我有報復到就好。」

「當然，你可以持續忽略我們討論的事實，然後催眠自己有報復到就好。但你這麼聰明的人，你很清楚你的報復是建立在犧牲好朋友的權益（重新定錨報復的意義）換來的，你自己當然不覺得嚴重。但是話說回來，你這麼重視朋友又有義氣的人，你有其他方法報復呀，為什麼要犧牲朋友？」

「……什麼其他方法？」

在這個案例中，我們用到了「**具體**」＋「**圖像**」＋「**沉沒成本**（**痛恨損失**）」＋「**定錨效應**（**改變行為意義**）」，引導孩子重新定義自己行為（報復）的意義，鬆動了報復的意義框架，重新討論其他方案或選擇的可能性。

甚至，我們也可以和孩子開始討論關於「報復」背後的受傷、委屈，以及種種複雜的情緒。如果你有接觸過薩提爾中的情緒冰山概念，也會是一個相當適合理解孩子內心的途徑。

不管是薩提爾的冰山概念、任何其他的諮商理論，或是本節中的幾種介入模式，本質上都是一種順勢而為的精神。**不論是順著孩子當下報復的動機，或是順著孩子行為下的情緒流動，這些都是在接納與不排斥的前提下，才有機會開展出更多的對話可能。**

5-4 製造衝突的孩子

在這一節中，我們將會持續使用前文介紹的「具體」、「圖像」、「沉沒成本（痛恨損失）」與「定錨效應（行為意義置換）」等原則與架構，應用在生活中。

一言不合就踢人的小智

小智剛升上三年級，已經是全校的知名人物。

除了每一堂課都隨意走動、無法專注發出怪聲、課堂上和同學起口角、跑出教室外，讓小智最出名的幾個事蹟，就是他曾經和班上同學因為一言不合，就直接在走廊上飛踢同學，踢到對方腦震盪，必須請假好幾天。

另一次，是小智下課時在班上閒晃，這時隔壁班兩個女同學，邊聊天邊經過小智班級外的走廊，恰巧其中一個女同學說到開心處笑了出來，回頭正好和教室內的小智對上眼。幾秒鐘之後，小智拿著雨傘衝到女同學前面，對著女同學用雨傘就是一陣猛戳。直到老師把小智架開，小智還忿忿不平的邊反抗邊怒罵對方：「你敢再笑我，你就死定了，看我怎麼弄死你！」

事實上，女同學們從頭到尾都在聊自己班上的趣事，跟小智完全沒有任何關係，甚至也不認識小智。

善用孩子的心理動機

小智轉來輔導處前，我看著導師密密麻麻的輔導紀錄：受傷人數、暴衝次數、毆打同學的次數統計……不斷在我眼前躍動。說實話當下很想直接退案，但想想自己也未免太沒有心理韌性了，這樣以後如果出了一本心理韌性的書，要怎麼說服別人呢？於是硬著頭皮，接下了小智。

就在接下小智的一個月後，如果說有什麼改變的話，大概就是這世界上又多了一個深陷挫折的人了。

從小智的家長、導師、科任教師、生輔組長到輔導教師，現在我也正式榮列「被小智搞到崩潰又毫無辦法的那幫人」名單中。

和小智的輔導在這樣低沉又挫折的氛圍中持續著。小智倒是很喜歡看到我出現在輔導室，因為這樣他就可以跟我在團體室中玩搏擊、飛踢或武術，這類在教室外被稱為「類殺人」的活動。

有一次我和小智傳接球時，小智邊用力的丟球邊跟我吹噓：「我傳球很強唷！而且超準吧！」

「嗯嗯，真的，而且我感覺我是用生命在跟你傳球。」

「什麼生命？」

「沒事，你是很喜歡打籃球還是躲避球是不是？也太準了。」我看著紅腫的雙手喃喃自語。

「你不知道唷？我們班都叫我Kobe二世，湖人隊的Kobe Bryant啦，我以後國中要參加籃球校隊，打爆別校的人。」

「嗯，其實你不用參加籃球隊，也是可以打爆別校的人。」

「什麼啦？」

「沒事，你籃球有很強嗎？有多強？」我試探性地詢問，想知道小智是不是真的有興趣跟能力，還是只是隨口說說。

「很強呀！我現在有在練習投籃跟過人，還有運球，我媽媽說如果我在班上表現好，不要那麼暴力，能乖一點的話，就幫我申請加入籃球隊。」

「結果呢？」

「我就做不到呀，所以只好自己練習，沒差，反正我自己練習也很強，國中再加入。」

「可惜呀，你現在如果可以有正規的訓練，能夠發揮天賦的機會更大。而且我怎麼看都覺得你不打籃球（跑去打人）太可惜了。」我好像隱約發現了一個很重要的動機，是我之前沒有注意到的，也就是孩子對於自己運動能力的相信、球類運動的興趣、執念跟堅持。

「小智，你知道我的專長是心理學吧，事實上我對於運動心理學也是有研究的，大部分運動員能夠打得好，除了天賦以外，我發現他們在一些心理的能力掌握上也是下過苦工，所以如果你同時在技巧跟心理能力都做練習的話，我覺得你很有機會。」

「什麼心理能力？」

「就拿你說的Kobe Bryant來說吧，你知道他除了籃球基本技巧很好以外，他心理能力強在哪裡嗎？」

「哪裡？」

「就是這三個能力。」我拿著粉筆刷刷刷的在團體室中的黑板上，寫下5-7這張圖。

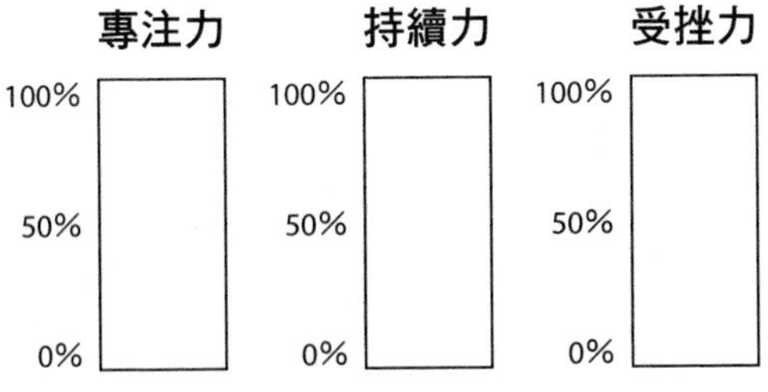

圖 5-7 偉大運動員的三大心理能力

「這三個能力你聽過嗎？」孩子搖搖頭。

「果然，我就知道。」我微微笑的看著孩子，心裡想著：「我也沒有，因為這是我剛剛才想出來的玩意兒。」

「這三個能力，我等一下再跟你解釋是什麼意思，但我先說Kobe Bryant就具備這三個心理能力。事實上，絕大部分的NBA明星球員都具備這三個心理能力，而且超強大。就我們所知，Kobe在這三個能力的表現值大概是這樣的。」我在三種能力的格子裡塗上了顏色，如圖5-8。

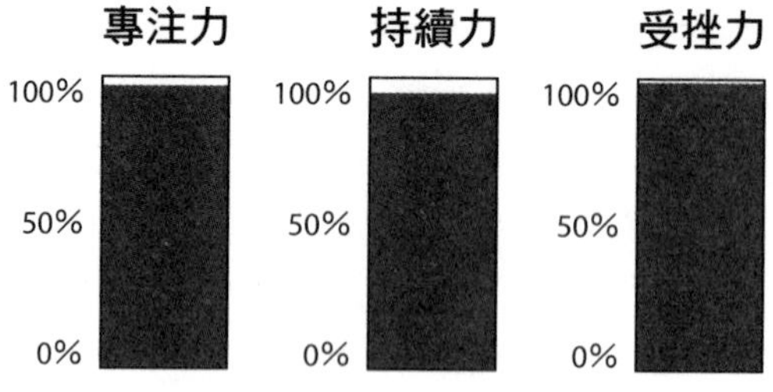

圖 5-8 kobe的三大心理能力

「看到了嗎？Kobe真的很厲害，他透過大量練習，這三個心理能力幾乎都接近一百%。所以如果你也有辦法讓自己達到這個水準，你國中加入籃球隊要打爆別校不會太難。」

「要怎麼練習？」

「先不要急，你知道你這三個心理能力現在的水準在哪邊嗎？你總得先知道自己的狀態呀。」我接著繼續畫，如圖5-9。

「這是你，你看都是零。呵呵……」我都還沒來得及笑出聲，孩子一聽到這拔腿就往外衝，邊跑還邊罵髒話，我得趕緊跟上前去把他拎回來。

「小智，你怎麼這樣咧？聽話都只聽一

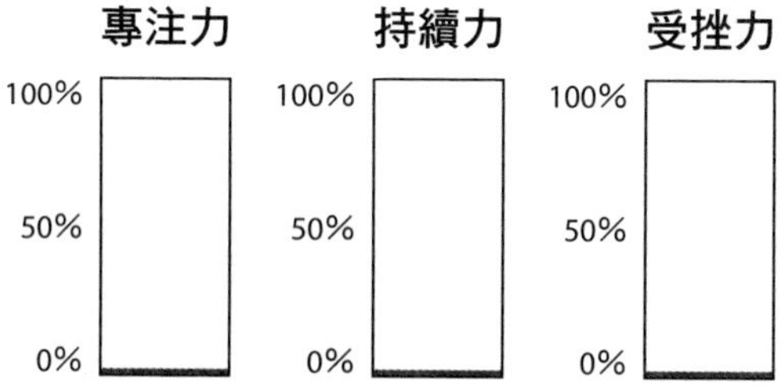

圖 5-9 小智目前的三大心理能力

半，我還沒有說完呀。」這下我得好好說了，不然我有預感等一下可能要跑整個校園去抓人。

「小智，我跟你說，每一個厲害的運動員，都是從零開始練習這些心理能力的，Kobe也是，你也不例外，所以必須從零開始。但我看得出來你有這方面的資質，所以我滿看好你可以做到的，甚至說不定練得比他們還快。但這真的就要看你的決心了，你有嗎？」

「有呀，我能力本來就很好，連校長都認識我。」（嗯，校長認識你的原因很多，我肯定這些原因裡不包括這個……）

「很好，那我現在要一個一個跟你解釋，這些心理能力代表的意義跟功能是什麼，以及它們要怎麼練習，真的非常不簡單唷，你最好要有心理準備。」

「嗯，你說呀！」

「這個專注力呢，你一聽就知道它跟注意力有關，而且它在任何一種運動中都超級重要的，一個不專心的運動員很難有好的表現。你看Kobe在投球之前，是不是眼睛都注意看著籃框？他心中就只有那個籃框，沒有別的東西，然後一心一意就在注意這個。整場比賽，只要他上場的時候，他就專心把球打好，你覺得如果他老是分心，投球的時候還看著別的地方，他能投進嗎？這個能力是不是很重要？」

「嗯，那要怎麼練習？」

「簡單，但是不好做。我們發現練習這種注意力的方式，就是專注在一件你不喜歡的事情上，讓自己能夠聚焦在這件事情上，前提是要你**不喜歡**的事情，不可以是喜歡的東西，因為面對**不喜歡**的東西時，才能練習用心專注的能力。」

「嗯。」

「每個人不喜歡的事情都不一樣，你不喜歡什麼？我是說在學校裡面，通常在學校裡面練習效果更好。」

「我不喜歡上課。」

「太好了，什麼課？越不喜歡的越能夠幫助你練得好。你現在把你最不喜歡的課，按照順序從最高到最低排出來我看看。從**最不喜歡**的開始。」
「嗯，英文課、國語課、社會課、數學課……」
「好！很好，這樣看來你**最不喜歡**的是英文課，我們如果要練習的話就要從簡單的開始，你不喜歡的課裡面……幾乎都不喜歡呀，我的天。那數學課似乎是不喜歡程度最低的，你要是想練習的話，就只能從數學課開始。」
「怎麼練習？」
「等一下，這真的很難唷，你真的想練？」
「嗯，你快說呀！」
「我要你先練習專注力就好。接下來在每天的數學課裡，專注力的練習就是你要想辦法觀察老師上課的內容，用了哪些教材、當天穿什麼衣服……。一節課四十分鐘，看你可以蒐集到哪些跟老師有關的事情、總共專注了幾分鐘，每天都不一樣，但每天都必須要練習，這是專注力的練習……」
「你知道這為什麼跟籃球有關嗎？因為你觀察一個人的服裝、姿態或是手勢等等，這些就像是你以後在球場上觀察對手的眼神、表情還有肢體動作，這樣你才能預判他的動作，甚至知道哪時候有空檔、哪時候要傳球，這些全部都是專注力的強大功能。」

「喔！原來如此。」

「但是為了達到最好的練習效果，我強烈建議你前面兩週，**只能**在數學課練習。除非你覺得自己進度超前，才能在其他不喜歡的課練習。大部分的人前面兩週都做不好，會不太習慣，所以下一次見面，我會給你一張心理能力的自我進度表，上面會有你該觀察的東西，你只要把觀察到的東西寫在進度表上面就可以了。」

成果圖像化，有助於鼓勵孩子

於此之後，我跟小智每週都在收集他「心理能力」的練習狀況。

透過每週的紀錄，討論做得好的部分、使用的方法，也看看做不好的部分，遇到的困難等等。每一次討論完之後，我就會幫小智在他的「偉大運動員的三大心理能力」中記錄，看看距離目標還有多遠。

我發現小智頗喜歡每週看到自己「練習」的成果，變成表格中成長的幅度跟數值（如圖5-10），似乎對他來說，看著這些數值的提升是相當激勵的事情。這讓我想到自己小時候打電動時，也非常喜歡透過打怪來累積經驗值，並且藉此獲得升級的心情。

在這個案例當中，我們用了類似的原則，包含「**具體**」、「**圖像**」與「**定錨效應（行為意義置換）**」。

對小智來說，先天上難以專注的困擾，

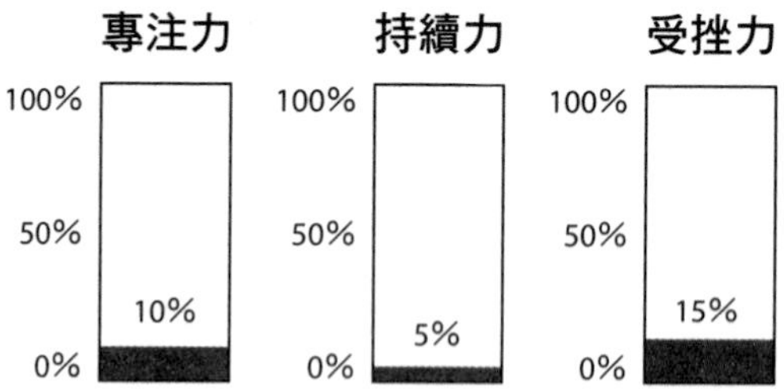

圖 5-10 數值增加的圖像能夠激勵小智

加上好動的特質，讓上課變成一件非常難耐又痛苦的事情。因此坐在教室持續四十分鐘，對小智來說成為每一天連續八小時的處罰。於是小智不斷分心試圖找些事情做，但卻一直違反班級規範；而好動與衝動的特質，也讓他在人際互動中的衝突不斷。

我們試圖轉換這些行動的意義，讓原本上課是處罰的意涵，轉變成是一種修行或練習的機會。

從小智的動機出發，暗自改變了坐在教室中的行為意義，從原本大人們認為配合規範所強調的專心態度，轉變成對小智有深刻意義的專注練習。這就是我們先前介紹「定錨效應（行為意義置換）」的一種變形使用。

而同樣的道理，也可以應用在小智的攻擊與對立行為中，比如，三大心理能力中的第三項「受挫力」，就可以與小智現實中人際衝突的場景結合起來，變成當面對同學的不配合、老師的權勢要求時，如何藉此來練習自己的「受挫力」或「忍耐力」等等，背後的底層邏輯都是一樣的本質，也就是「定錨效應（行為意義智換）」的應用。

在小智的案例中，我們仍然要不斷強調，**關鍵不在於如何應用這些原則，而是在於是否理解到當事人的需求、挫折與能力**。

當我們能夠給出足夠的意願與時間時，才有可能真正看到孩子的內在面向，並且從這些訊息當中思考，對孩子來說最大的福祉是什麼？應該如何落實在輔導與介入的目標當中？在這樣的琢磨下不斷嘗試與調整，一步步試著陪伴孩子找到他的價值。

5-5 特殊狀況的孩子

先前我們分享的許多案例，大部分是著重在行為的層次，而面對千變萬化的人際關係時，難道也可以應用「具體」、「圖像」、「沉沒成本（痛恨損失）」與「定錨效應（行為意義置換）」的原則來處理嗎？

就我的經驗來說，國中小學生的人際關係是相當複雜的，牽涉到的影響因素非常多，因此用本書所介紹的原則，很難協助孩子處理或應付他的人際關係。不過在某些比較特定的狀態下，仍然是可以參考應用。

心智化功能不足時：人際關係拿捏有困難的小益

小益今年四年級，有自閉症特質，因此常常在人際關係的應對拿捏上出現困難，展現在每天的對話或互動時，造成同學的困擾而不自知。

比如，小益和班上同學玩鬼抓人時，只要輪到他當鬼，他就會拚盡全力抓人。一旦抓到人，他就會用力的咬對方身體的任何部位，因為他看電影中的鬼抓到人之後，都是這麼咬人的。

而在老師告誡他不可以咬人，因為咬人會使對方受傷之後，小益改成緊緊勒住別人的脖子，這樣就不會留下咬痕了。

很自然的，小益的下課時間越來越孤單了，沒有人想要再找他玩這類型的遊戲。

於是現在下課時，小益想要跟同學開玩笑，他會趁著前面同學離開座位時，偷偷把圖釘放在同學的椅子上，等到對方回來坐下，被圖釘扎到疼的跳起來時，小益便會在後面放聲大笑。因為他覺得對方跳起來的樣子太有趣了，很像卡通主角被電到的反應一樣，他覺得自己做了一件有趣的事情，其他人應該也會覺得很有趣。

當老師告誡小益在別人座位放圖釘是非常危險的事情之後，小益改放寶特瓶蓋，持續一樣的把戲。

於是，小益轉到了我這裡。

會談過幾次後，我發現自閉症的特質如何影響到小益。會談中雖然有很多需要慢慢調整的目標，但當務之急，是小益在人際互動的方式已經嚴重影響到他和別人的關係。如果這一點不優先處理好，在人際關係越來越複雜的團體生活中，小益將會讓自己陷入不小的麻煩。

在目標設定上，初期要先減少或避免不必要的衝突或誤會為主，否則只要持續發生類似事件，最後都會演變成校方、家長與老師之間的政治事件。針對這個部分，導師非常用心也相當努力跟介入，小益也在導師的協助下有不小的進步。

接下來，我們進一步思考，如何幫助小益從過去的經驗中學習，並且在未來（甚至是國中）反應時先能判斷對錯，同時又能夠強化小益在人際關係中好的一面。由於人際關係是一個非常抽象的概念，人際關係好還是不好、行為適當與不適當的判斷，會受到太多環境、脈絡與個體的影響，因此我們只能先抓出一個大方向，從中陪著孩子，慢慢建立起合適的價值觀。

在這裡，還有一個很重要的前提，是小益有相當大的社交動機，所以他下課時會和同學一起玩、會想要捉弄同學引發笑點。唯一的問題，是他用了不恰當的方法。抓住這個人際動機，再應用「具體」、「圖像」等等原則，我們試著把複雜的人際關係，先理出一個小益能遵循的大方向。

於是，我和小益討論起人際關係這一個主題。

善用「圖像」＋加扣分概念

我問小益：「你喜歡交朋友是嗎？」小益點了點頭。

「交朋友是好事，人際關係有時候跟考試一樣，考題難又複雜，要能交到朋友，真不是簡單的事情。」這似乎說中了小益心中的想法，他靜靜的聽著。

「不過，既然是考試，那總有一些參考資料吧！我整理了一些準備的方向，給你參考看看。」我開始在黑板上畫畫寫寫。

「每個人交朋友，有時候看的是你的人際力好不好。就像你在考數學時，看的就是你的運算能力、題目理解能力和注意力，而交朋友有時候看的就是人際力。人際力的好壞就會影響到交朋友的狀況，就像考試一樣，人際力有六十分就很不錯了，你覺得你現在是幾分呢？」

「嗯，不及格吧，可能三十分或四十分。」

小益的回答讓我有點驚訝，因為這分數代表他對自己的人際知覺是有理解的，這種自我覺察是很重要的能力。

「嗯嗯，其實我也不知道，畢竟我跟你認識不久，但人際力就跟數學能力一樣，它是一個隨時變動、可以持續學習、進步的能力。」

「影響人際力的原因非常多，我只講大方向就好。它約略可以分成兩個部分：一個是加分項目，另一個就是扣分項目。加分，指的是當你具備這些能力時，就可以幫你的人際力加分。相反的，扣分項目就是你一做出來，就會讓人際力失血的行為，這樣很好理解，對嗎？」我接著往下畫，如圖5-11。

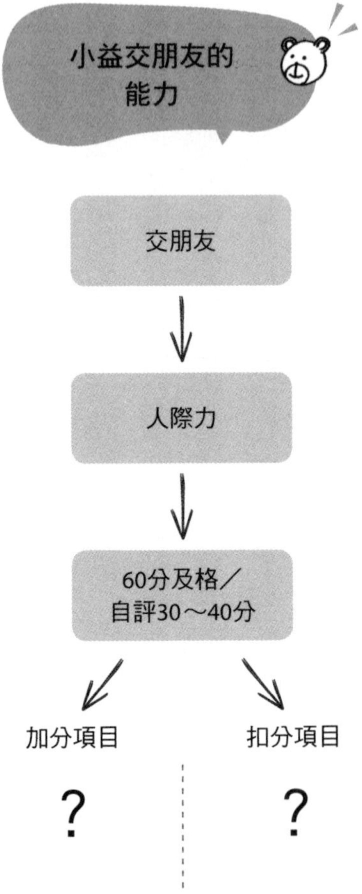

圖 5-11 善用圖像與加扣分概念

「我們先來看看加分項目。事實上，我和你認識還沒幾個星期，但我已經發現你有很多加分行為，這些非常重要，會影響到你的人際力……」

我一邊整理小益的優點，如下頁圖5-12，一邊解釋為什麼這些項目對於人際關係是重要的。這背後有兩個目的，一是肯定小益的好表現，二這也是一個教育過程，讓小益知道從別人的角度怎麼看待這些行為。

「所以你看，你的人際力很不錯，加分項目可不少。但是我真正擔心的，是這一個部分（指指扣分項目）。我必須說，我觀察到你有幾個行為，雖然你不是有意的，但這些行為對你的人際力，大多時候是扣分的……」

和小益討論扣分項目時，我的出發點是站在維護小益想要「交朋友」的動機上，討論這些行為如何影響到別人的觀感，別人是怎麼看待這些行為，為什麼會是扣分的，如下頁圖5-13。

討論這些細節的另一個目的是，趁此帶著小益換位思考，跳脫自己的框架，試圖理解別人怎麼思考。換位思考是一項非常重要的能力，也是許多孩子欠缺或還不夠成熟的部分。

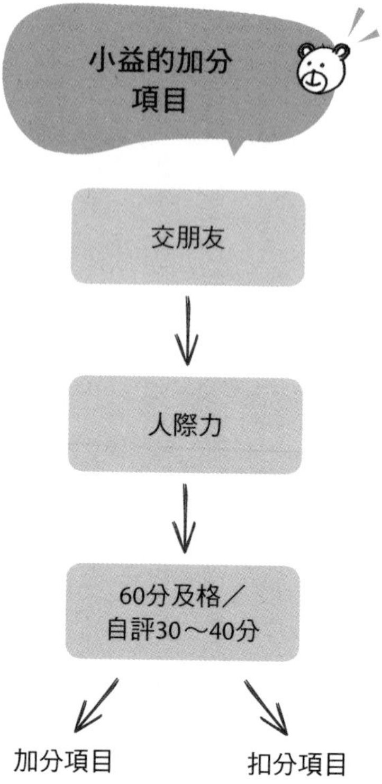

加分項目	扣分項目
❶ 環境整潔 —> 環境會影響他人對你的第一印象，就像服裝儀容一樣 ❷ 應對禮貌 ❸ 熱心助人	

圖 5-12 將加分項目條列秀出

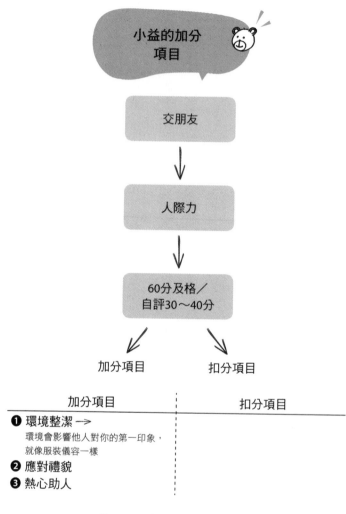

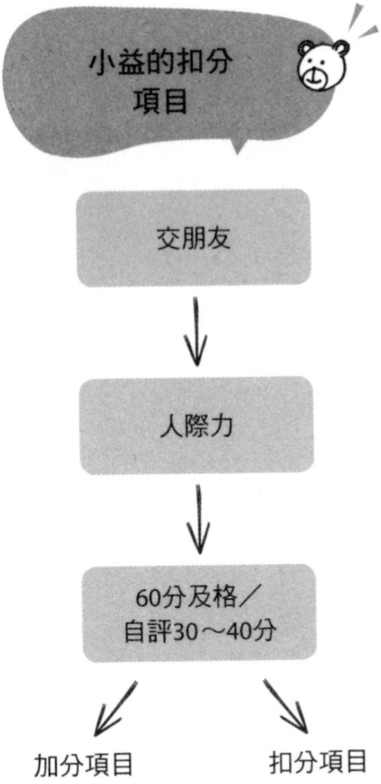

加分項目	扣分項目
❶ 環境整潔 → 環境會影響他人對你的第一印象，就像服裝儀容一樣	❶ 傷害他人（－5）→ 儘管不是刻意的，但當他人因為你過度的行為受傷時，會讓他人害怕跟你互動或接觸
❷ 應對禮貌	❷ 罵三字經（－2）→ 看場合對象，扣的分數不一樣
❸ 熱心助人	

圖 5-13 利用扣分將行為價值量化

將抽象的人際關係具體化

從交朋友的引發動機開始，我們把抽象的人際關係，化約成具體的人際力指標。

而透過圖5-14的說明，可以進一步看到每一個引導的方向，背後所代表的意義是什麼。

再進而透過加分、扣分的架構，把行為的價值量化，這樣就能透過加分與扣分的分數，呈現出這個行為的價值判斷與重要程度。

比如，傷害別人是扣五分，這意味著「傷害別人」是屬於「不好的」分類，然後「傷害別人」和「罵髒話」的扣兩分相比，顯然前者更嚴一些。

這個加扣分項目，其實我們都知道，完全無法代表現實中人際關係複雜與細微之處。然而，它仍然有一個重要的目的：就是把孩子原本已經具備的適當行為具體條列出來，同時也藉由列出不適當行為的過程，創造出一個能夠討論不適當原因的機會，這是消除許多孩子們抗拒的方法。

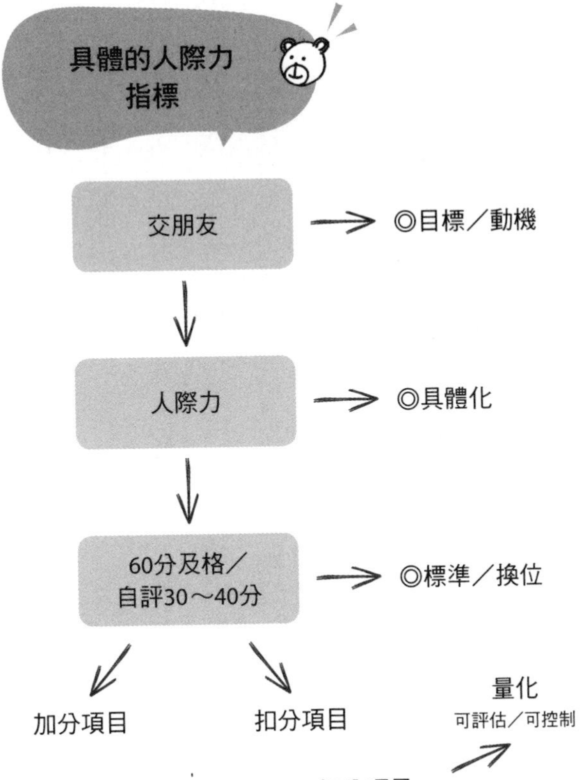

加分項目	扣分項目
❶ 環境整潔 → 環境會影響他人對你的第一印象，就像服裝儀容一樣	❶ 傷害他人（－5）→ 儘管不是刻意的，但當他人因為你過度的行為受傷時，會讓他人害怕跟你互動或接觸
❷ 應對禮貌	❷ 罵三字經（－2）→ 看場合對象，扣的分數不一樣
❸ 熱心助人	

圖 5-14

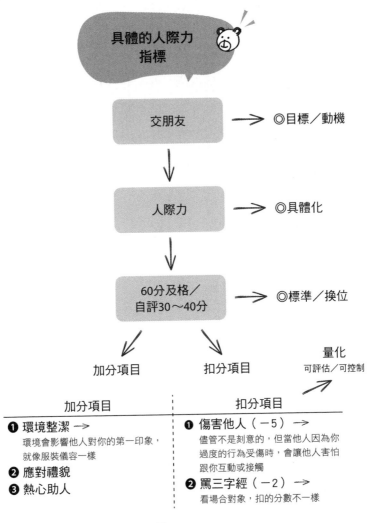

大多數孩子面對自己的不當行為時，多半會相當抗拒，稍微敏感的大人就能從孩子的反應中察覺到這種深沉的狀態，像是過度附和、不說話或是說自己忘記了等等，都是最典型的抗拒反應。

但是當我們把這些全部都整合在「人際互動」的架構下出發，就符合了大部分孩子的動機與利益，如此，我們比較能繞過抗拒的大門，從捷徑走進孩子的心裡。

同時，對許多心智化功能不足的孩子來說，人際關係是相當抽象又撲朔迷離的。透過判定行為適合與不適合的大方向著手，可以慢慢在經驗中累積自己的行為資料庫；當孩子在學習做出「好」與「不好」的價值判斷時，也練習換位思考的可能。而這些都是需要做中學，學後做，錯再學的過程。

性平教育的應用：摸頭髮示好的孩子

「具體」、「圖像」、「沉沒成本（痛恨損失）」等等的原則，同樣也可以應用在心智能力不足學生的性平問題上。雖然這樣的例子比較少見，但在我們的經驗中，也應用過類似的原則協助孩子。

舉例來說，有時候孩子因為認知上的障礙，對人際關係的解讀與界限是有困難的。

我遇過不少國中小的孩子，和朋友互動的方式是缺乏界線的。比如，彼此還不熟甚至不認識，就去摸女同學或女老師的頭髮、玩遊戲時抱住對方不放、一直盯著對方看等等。如果對方不知道孩子的狀況或困難，很容易就會引發誤會與衝突，肇生性平的議題。因此，當我們面對孩子因為心智化能力不足，所導致的界線與性平問題時，也可以應用這一章所提到的原則。

比如，我曾服務過一位心智化功能不足的國中生，個性溫和也憨厚，對人也很和善，總是笑臉迎人。然而轉介給心理師的主要問題，在於孩子對人際互動，尤其是異性互動的界線令身邊的人擔心。

孩子有一個相當固執的邏輯，認為只要是喜歡或欣賞的女同學或老師，只要摸過對方的頭髮之後，彼此就能變成朋友。這個邏輯相當不合理，然而受限於理解能力，我們無論怎麼和孩子討論，問題仍然持續，就算請生教組長來協助，孩子仍然一犯再犯。

有一次，我和孩子繼續討論人際界線中適切與不當的行為，孩子仍然不為所動，並不是因為抗拒，而是因為孩子理解力有先天的限制，一般抽象的道理難以鬆動固執的認知。於是我改變了討論的方向，先評估孩子喜歡的同學是哪些人、有哪些特色，藉此來瞭解孩子的傾向，看看有沒有什麼可以介入的方法。

「圖像」＋「沉沒成本」

我請孩子先寫下來他想要交朋友的同學名字。

孩子拿著筆，很認真的瞪著大眼，一個一個字慢慢寫下同學的姓名（以下姓名全為虛構），如圖5-15。

我請孩子介紹一下這些同學，孩子非常認真的把對方的班級、座號依序的說出來，但孩子也只能介紹到這，其餘包含特徵、長相，甚至個性等等抽象的描述，都超出孩子能夠理解的範圍之外。

我看著孩子很慎重地寫下每一個同學的名字，很鄭重對著紙張上的名字努力向我介紹，我突然有一個有趣的發想，於是我作勢要在其中一個名字上隨便亂畫一筆，就在筆尖碰到其中一個姓名時，孩子突然很緊張的把名單抽走，警戒的抱在懷裡。

看著孩子這麼呵護這份名單，我大概有一些瞭解。正好此時也要下課了，我請孩子好好保管名單，同時嚴正的告誡孩子：「我

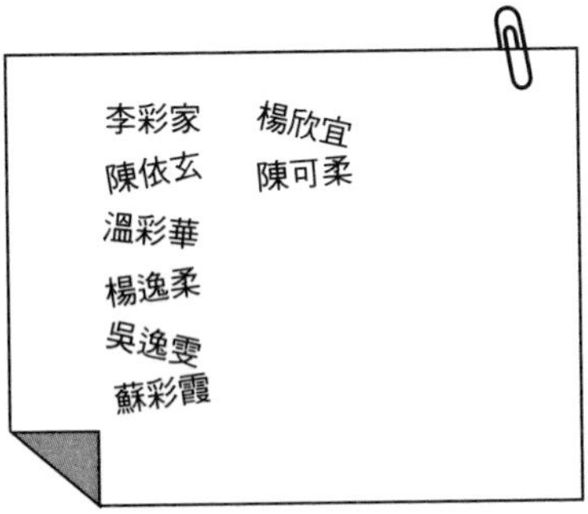

圖 5-15 孩子想交朋友的同學名單

再跟你說一次，這些你想要交朋友的對象（指指孩子手上的名單），你這一個星期不能去碰她們的頭髮，身體或任何部位。只要你碰了，你就再也交不到這個朋友了，知道嗎？」

孩子直覺的點點頭，就跟前幾次的會談一樣。

果不其然，下週孩子來到會談室時，輔導老師說這週孩子名單上的同學沒一個少摸，跟往常一樣，孩子下課就跑去找女同學想要摸對方的頭髮，別人都開始在躲他，甚至惡言相向。

「不意外，我大概是唯一一個他無從摸起的對象。」輔導老師看看我的頭，深表同意。

這次，我有一個實驗想要嘗試看看。於是我請孩子拿出他上週整理的交友名單，不同的是，這次我不討論恰當不恰當的問題，我拿過名單就一個一個問孩子：「這個人，你上週有沒有摸過她的頭髮？」

「有。」

「我有沒有說，摸別人的頭髮，你就交不到這個朋友了。」

「對。」

於是這一次，我在孩子面前將這個他說有摸過頭髮的名字，用力畫了一個「X」在上面，如圖5-16。

孩子見狀就想要阻止我，我揮開他的手，堅定的說：「我說過了，只要你摸過頭髮的同學，你們就做不成朋友了，現在告訴我，還有誰你摸過了？」

我依著名單的順序逐一往下指，每指一個孩子就很沮喪的點頭一次，我就畫上一個「X」。最後，每一個名字都被畫上了

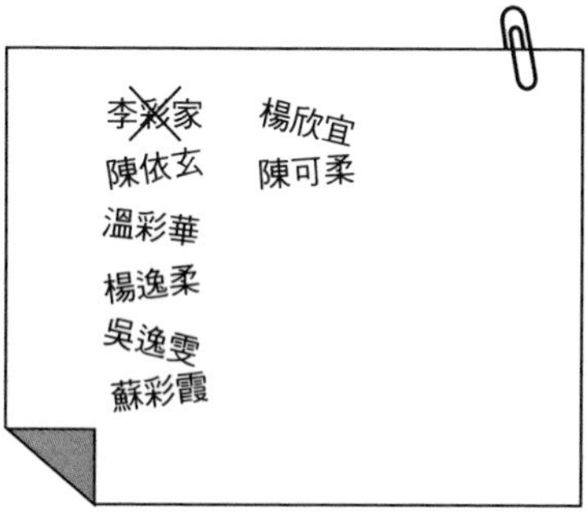

圖5-16　我在孩子摸過的同學名字上畫叉

「X」，我在名單的下面寫上一個大大的數字「0」，如圖5-17。

「我跟你說過了，只要摸頭髮，就沒朋友。這張名單上的人，全部都不會成為你的朋友了，零個。」孩子不說話，兀自的看著畫滿叉叉的名單。

「你覺得是為什麼？」

「因為摸頭髮？」

「對，因為你不尊重對方的界線，你摸了頭髮就是不尊重對方的身體……」

後來我們沒有再討論太多關於身體界線的議題，我只讓他把這張名單拿回去想清楚。我心裡的假設是人際界線的問題太抽象

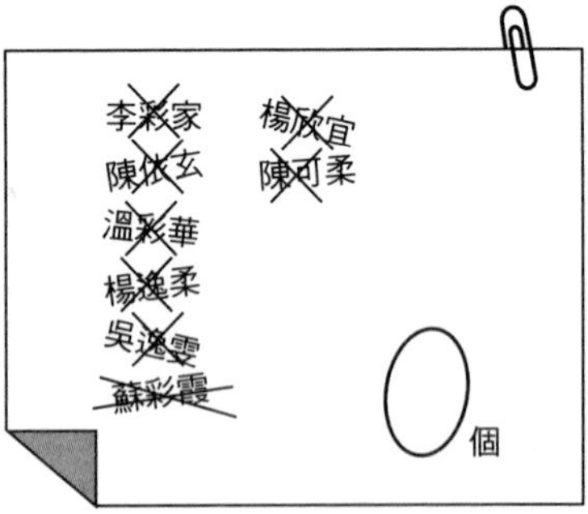

圖 5-17 全部被畫叉叉的名單

了，對理解力有障礙的孩子來說有困難，然而名字是很具體的對應到真實的人，而這份名單對孩子顯然有意義。

名單上的同學們是孩子人際動機之所在，透過具體又圖像的方式呈現出來後，再把孩子的不當行為（摸頭髮）造成的人際損失，透過畫叉叉的方式象徵（痛恨損失），讓孩子比較能夠把行為跟損失的因果關係建立起來，這就達到了我們當初轉介的目標：減少不當行為的出現。

有趣的是，再過一週之後到校服務，我追蹤了一下孩子的狀況，輔導老師表示目前孩子沒有再摸同學的頭髮了。

「那我們可以準備結案了？」我問老師。

「同學的部分目前看起來沒問題，不過……」輔導老師面有難色的說。

「現在他去摸女老師的頭髮了……」

「……好吧，再請你幫我準備一張紙和一支筆，我和孩子談談……」我嘆了一口氣。

在這本書中的所有經驗分享，雖然場景多半是在學校，但其實相同的精神與方法，不管是具體化、圖像化、損失、定錨等等，也適用於家庭環境中。

但也如同本書中一再強調的，這些概念只是我們在協助孩子時可供參考的方法與原則，然而不管是情緒爆炸或對立行為，沒有一個孩子的原因會是一樣的，真正釐清與解決問題的關鍵，終究還是決定於我們對孩子「理解」了多少。

對絕大部分的孩子來說，情緒爆炸跟對立行為，是他們成長軌跡中必經的一段道路，本書沒有意圖刻意強調或暗示，用「技巧」或「方法」讓孩子能夠順從或乖巧，因為這完全否定了我們對情緒與行為所應抱持的基本態度：理解。

相反的，透過介紹與分享情緒階層的架構、心理學的人性理論、溝通與介入的原則等等，最大的目的就在於，提供一個通則性的途徑或視角，開啟理解的可能。如果在這個層面，本書能對讀者們有任何一點點的幫助，這已經是身為作者最感意義的榮幸。

期待在陪伴孩子成長的路上，我們持續學習、持續前行。

我們永遠不可能在教養或教育中做得多好，但我們可以一起試著把它做好，這樣就好。

國家圖書館出版品預行編目(CIP)資料

暫停情緒風暴／陳品皓著. -- 一版. -- 臺北市：禾禾文化工作室，2022.07
面；　公分. --（Printemps；2）
ISBN 978-986-06593-7-5（平裝）

1.CST：兒童心理學　2.CST：情緒管理　3.CST：親職教育

173.12　　111008758

PRINTEMPS 03
暫停情緒風暴
大人不心累，孩子不受傷，第一時間化解情緒衝突與對立

作　　者：陳品皓
責任編輯：陳品潔
封面設計：比比司
排　　版：菩薩蠻數位文化有限公司
行銷業務：平蘆

出　　版：禾禾文化工作室
社　　長：鄭美連
發　　行：禾禾文化工作室
地　　址：台北市北投區中央南路二段28號5樓之一
電　　話：(02)28836670
E m a i l：culturehoho@gmail.com
總 經 銷：大和書報圖書股份有限公司

印　　製：呈靖彩印股份有限公司
一版四刷：2022年11月
定　　價：380元